이기는 사람,

Why You Win or Lose: The Psychology of Speculation

지는 사람

이기는 사람, 지는 사람

초판 1쇄 발행	2016년 2월 25일
원제	Why You Win or Lose (1930)
지은이	프레드 C. 켈리
옮긴이	정명진
펴낸이	정명진
디자인	정다희
펴낸곳	도서출판 부글북스
등록번호	제300-2005-150호
등록일자	2005년 9월 2일
주소	서울시 노원구 공릉로63길 14, 101동 203호(하계동, 청구빌라) (139-872)
전화	02-948-7289
전자우편	00123korea@hanmail.net
ISBN	979-11-5920-005-2 03180

이기는 사람,
지는 사람

Why You Win or Lose: The Psychology of Speculation

머리말

아마추어 심리학자이자 저널리스트, 작가, 여행가, 개 사육사이며 인간 본성을 열심히 공부하는 학생인 프레 드 C. 켈리는 평균적인 사람들이 주식을 사고 팔 때 하 는 행동을 집중적으로 관찰했다.

사람이 주식시장에서 하는 행동은 연구 대상으로서 오늘날 심리학 실험실에서 인기를 끌고 있는 동물들의 식습관이나 섹스 습관 못지않은 중요성을 지닌다. 주 식시장의 거래 내용을 담은, 티커 테이프(ticker tape) 라는 종이테이프는 심리학자들이 실험실에서 사용하 는 기록 장치 못지않게 훌륭한, 과학적인 행동 기록이다. 사람이 주식을 사거나 팔 때 보이는 행동은 그 사람의 전반적인 성격 구조를 읽을 수 있는 단서를 제공한다. 게다가 평균적인 사람이 과거에 한 실수들은 미래에 그 사람을 괴롭힐 위험을 짐작하게도 한다. 다시 말하지만, 이런 연구는 오늘날 대단히 중요하다. 이유는 거의 모든 사람이 주식시장에 발을 담그고 있기 때문이다. 주식을 사고파는 것은 미국인들의 평범한 게임이 되었다. 주식시장은 스페인의 투우(鬪牛)와 고대 로마의 검투사들의 결투, 영국의 마상 창시합을 대신하고 있다. 미국인들에겐 전 국민이 모두가 즐길 수 있는 놀이가 전혀 없다. 어떤 집단은 야구에 빠져있고, 대학은 풋볼에 열광하고, 부자들은 폴로와 요트에 빠져 지낸다. 그러나 미국 대통령 캘빈 쿨리지(Calvin Coolidge: 1872-1933)가 경제 붐을 일으키기 전까지, 미국엔 부유한 사람이든 가난한 사람이든, 게으름뱅이든 노동자든 불문하고 모두가 즐길 수 있는 게임이 전혀 없었다.

주식 투자 혹은 투기라는 국민적 게임은 한 차례 좌절을 겪었지만, 대중은 경제 부흥이 다시 일어나는 즉시 월스트리트 스타디움으로 달려갈 준비가 확실히 되어 있다고 나는 느낀다. 도박은 미국인들의 삶의 일부로 확고히 자리 잡았다. 미국인들 중에서 여가 활동을 아주 많이 즐기는 사람은 별로 없다. 모두가 거의 하루 종일 직장에서 열심히 일하고 있다. 미국인들이 매일 하는 일의 90%는 일상적으로 되풀이되는 일이다. 섹스는 너무 자유롭고 흔해져서 그다지 흥분을 일으키지 못한다. 카드놀이도 남자들 사이에서 인기가 시들해졌다. 나도 훌륭한 포커 게임이나 불법 도박을 마지막으로 본 것이 언제였는지 잘 기억이 나지 않는다. 미국인들 모두가 지루해하고 있다. 지금은 옛날의 사냥이 안겨주었던 그런 스릴을 느끼게 하는 유일한 게임은 주식 도박인 것 같다. 더구나 당신은 책상에 앉아서 주식 시장을 상대로 게임을 즐길 수 있다. 아침에 주식 중개인에게 전화를 걸어 책상에서 한 발짝도 움직이지 않고 주식 몇 백 주를 살 수 있다. 그런 식으로 위대한 모험을 계속할 수 있다. 일시적 공황은 이 모험의 즐거움을 누리려는 사람들의 의지를 결코 꺾어놓지 못할 것이다. 사람들은 일상의 지루함을 절대로 가만히 견디고만 있지 않을 것이다.

프레드 C. 켈리는 이런 연구에 딱 어울리는, 아주 논리적인 사람이다. 켈리는 성공적인 투기자일 뿐만 아니라 수년 동안 인간과 동물의 행동을 깊이 연구하고 있는 성실한 학생이기도 하다. 그는 어느 날엔 자신의 개를 지켜보고 있고, 그 다음날엔 자기 친구의 아이의 곁을 지키고 있고, 또 그 다음날엔 화재 현장이나 주식 중개인의 사무실에서 군중을 지켜보고 있을 것이다. 그런 관찰을 통해서 그는 더욱 현명한 존재로 성숙하고 있다. 특히 그는 인간 본성이 지닌 약점에 대해 많은 것을 알게 되었다.

그의 책에는 놀라운 자료들이 많다. 정말로 많은 사람들에게 도움을 줄 수 있는 자료들이다. 주식시장에 투기나 투자를 할 생각이 있는 사람들은 반드시 읽어야 할 내용이다. 물론 일부 사람들에겐 주식시장에서 돈을 버는 행운을 안겨줄 것이다. 틀림없이 돈을 아낄 수 있도록 도움을 줄 것이다. 왜냐하면 프레드 C. 켈리가 처음부터 끝까지 보수적인 입장에서 주식시장을 보고 있기 때문이다. 글 자체가 아주 간결하고, 직접적이고, 매력적이어서 재미있게 읽힌다.

존 B. 왓슨(John B. Watson)

차례

머리말 ...*4*

거꾸로 돌아가는
세상에서 벌인 모험

대공황이 몰아닥친 1929년 중 상당 기간을 포함해 지
금까지 여러 해에 걸쳐서, 나는 미국 주식시장의 속을
들여다보는 놀라운 경험을 하고 있다. 주식에 관한 한
신출내기임에도 그 사이에 잃은 것이 없으니, 얼마나
눈부신 실적인가. 아니, 약간의 돈까지 벌었으니 얼마
나 멋진 경험인가. 나는 적국(敵國)을 적국의 비용으로
구석구석 여행하고 있는 셈이다.

　설령 내가 주식시장에서 돈을 잃었다 하더라도, 그래
도 그건 멋진 모험이었을 것이다. 이 지구상에 존재하
는 가장 훌륭한 인간 실험실에서 인간 본성의 온갖 약

1장 거꾸로 돌아가는 세상에서 벌인 모험

점과 변덕을 배울 기회를 누렸으니 말이다. 그건 마치 학비를 내지 않고 공짜로, 그것도 이따금 격려금까지 받아가면서 대학에 다닌 것과 비슷했다.

월스트리트의 사람들이 내가 맡긴 돈보다 조금 더 많은 돈을 돌려줄 때마다, 나는 이런 식으로 생각한다. 나 자신이 인간 존재들이 곧잘 하는 행동에 대해 엄청난 호기심을 품고 주식시장을 군중 행동이라는 시각에서 볼 수 있었던 덕이라고 말이다.

앞으로 이 책을 통해서 나는 대부분의 사람들이 주식시장에서 돈을 잃도록 만드는 심리적 위험 요인에 대한 소중한 이야기를 들려줄 것이다. 더 나아가 어떻게 하면 월스트리트에서 수익을 챙길 수 있는지 그 방법까지 제시할 생각이다.

조급한 독자들을 위해서, 지금 여기서 그 비법을 미리 공개해도 아무 문제가 없을 것 같다. **나는 월스트리트에서 돈을 버는 길은 거의 모든 사람이 하는 행동과 정반대로 행동하는 것이라고 굳게 믿고 있다. 달리 말해, 월스트리트에서 돈을 벌고 싶은 사람이라면 모순되게 행동해야 한다는 뜻이다.**

이 공식이 아주 간단해 보이지만, 그럼에도 나는 이

공식을 따르는 사람은 거의 없다는 사실을 잘 알고 있다. 많은 사람이 이 공식을 따랐다면, 이 공식은 제대로 먹히지 않았을 것이고 따라서 공식으로 대접조차 받지 못했을 것이다.

모든 사람이 가격이 낮을 때 주식을 사고자 한다면, 싼 가격에서의 거래는 절대로 이뤄지지 않을 것이다. 소수의 투자자가 싼 주식을 발견할 수 있는 이유는 단지 과반의 투자자들이 그때가 주식 가격이 떨어진 때라는 사실을 절대로 알지 못하기 때문이다.

군중은 언제나 돈을 잃는다. 이유는 간단하다. 늘 잘못하기 때문이다. 그런데 군중이 잘못하는 이유는 그들이 정상적으로 행동하기 때문이다.

인간이 타고난 모든 충동은 주식시장에서 성공을 거두는 데 적(敵)이 되는 것 같다. 주식시장에서 성공하기가 그렇게 힘든 이유도 바로 거기에 있다. 만약에 다른 모든 사람들이 다 하는 행동, 말하자면 합리적인 것처럼 보이는 행동과 거꾸로 하는 것이 쉬울 것 같다는 생각이 든다면, 그렇게 한 번 해보아라. 그때마다 당신은 논리적인 것처럼 보임에도 불구하고 틀림없이 현명하지 않은 행동을 하고 싶은 유혹을 아주 강하게 받을 것이다. 이 모든 것들에 관한 이야기가 앞으로 흥미진진하게 펼쳐질 것이다.

주식시장에서 처음 모험을 시작하던 때를 돌아보면, 나 같은 풋내기가 감히 거기에 발을 들여놓으려 들었다는 사실 자체가 신기하게만 느껴진다.

그때만 해도 나는 모르는 것이 너무 많았다. 어떤 주식에 관한 좋은 소식이 오히려 그 주식의 가격을 떨어뜨릴 수 있다는 의심조차 품지 않았으니 말이다. 좋지 않은 소식이 주식 가격을 높일 수 있다는 사실에 대해서도 당연히 알지 못했다. 또 주식에 빠져 지내는 사람들이 돈을 벌 확률보다 잃을 확률이 월등히 더 높다는 사실조차 모르고 있었다.

허영심이 주식 투자의 실패를 야기하는 큰 요인이라는 것도 나에게는 수수께끼였다. 나는 돈을 잃을 위험이 월요일에 가장 크다는 사실에 대해서도 거의 알지 못했다. 또 사람들이 우량 주식을 팔고 불량 주식을 보유하게 되는 경향도 제대로 이해하지 못했다. 하루 중에서 오후 한 시를 즈음하여 주식 가격이 가장 낮게 형성되는 것을 보았을 때, 나는 그것을 그저 우연이라고만 생각했다.

주식시장에서 모험을 벌이는 과정에, 나는 사람들이 경제 상황 때문이 아니라 인간의 심리 때문에 돈을 벌거나 잃는다는 사실을 배웠다. 우리 모두가 갖고 있는 심리적 특성이 성공을 가로막는 장벽이었던 것이다. 어떤 주식으로 수익을 챙길 수 있는 상황이 되었을 때, 내가 그 주식을 팔지 않은 이유는 무엇인가? 그러다가 주식 가격이 점점 더 떨어짐에 따라 내가 챙길 수 있는 수익도 자꾸 줄어만 가는데도 주식을 팔 생각을 하지 않고 수익이 반 토막 나는 것을 가만히 지켜보고만 있었던 이유는 무엇인가?

그러던 어느 날 문득, 그런 나의 행동이 어린 시절에 내가 알고 지내던 어떤 할아버지의 행동과 거의 똑같다는 생각이 들었다. 그 할아버지에겐 칠면조를 잡는 덫이 있었다. 커다란 상자 위에다가 문을 얹은, 조악하기 짝이 없는 장치였다. 문은 받침대에 의해 열려 있었으며, 그 받침대는 30m 이상 떨어진 곳에 놓인 조작기와 끈으로 연결되어 있었다. 오솔길 위에 옥수수를 뿌려 칠면조를 상자까지 유인했다. 상자 안으로 들어선 칠면조 앞에는 바깥보다 훨씬 더 많은 옥수수가 뿌려져 있었다.

원하는 수만큼 칠면조가 상자 안으로 들어와 돌아다 닐 때, 할아버지는 받침대를 잡아 당겨 문을 닫곤 했다. 문은 닫히기만 하면 할아버지가 그곳으로 가지 않고는 다시 열지 못하게 되어 있었다.

할아버지가 문을 열기 위해 덫으로 가게 되면, 당연 히 덫 주위에 있던 칠면조들이 겁을 먹고 달아나게 마 련이었다. 그러기에 받침대를 당겨 문을 닫는 시점은 할아버지가 합리적으로 기대하는 수만큼의 칠면조가 상자 안에 들어와 있을 때였다.

어느 날 나는 할아버지가 덫을 놓은 현장으로 함께 갔는데, 그때 할아버지의 상자 안에 열두 마리의 칠면 조가 들어 있었다. 그런데 한 마리가 어슬렁거리며 돌 아다니다가 상자 밖으로 나가게 되었다. 이제 상자 안 에 남은 칠면조는 열한 마리였다.

"아니, 열두 마리가 들어 있을 때 당길 걸 그랬어."라 고 할아버지는 말했다. "조금 더 기다려야겠구나. 아까 나간 칠면조가 돌아올지도 모르니."

그러나 할아버지가 열두 번째 칠면조가 돌아오기를 기다리는 사이에, 두 마리가 더 나가버렸다.

그러자 할아버지는 "열한 마리로 만족할 걸 그랬네."

라고 투덜거렸다. "이젠 한 마리만 더 들어오면, 줄을 잡아당겨야겠어."

그러나 할아버지의 바람과는 반대로 추가로 세 마리가 더 나가버렸다. 그래도 할아버지는 기다렸다. 열두 마리의 칠면조가 자신의 덫 안에 들어와 있는 것을 보았던 터라, 할아버지는 그 반밖에 안 되는 칠면조를 갖고 집으로 돌아가기가 싫었다. 그는 원래 덫에 들어와 있었던 칠면조 중 일부가 돌아올 것이라는 생각에 아직 미련을 버리지 못하고 있었다. 그러다 마침내 한 마리만 남게 되었을 때, 할아버지는 "이 녀석이 걸어서 나가거나 다른 한 마리가 더 들어올 때까지 기다렸다가 그만 집에 가야겠어."라고 말했다.

홀로 남은 칠면조마저 다른 칠면조 무리와 합류하기 위해 덫을 나갔고, 할아버지는 하는 수 없이 빈손으로 집으로 돌아가게 되었다.

나는 이 이야기가 주식시장에도 그대로 적용된다고 생각한다. 어떤 주식이 주당 80달러까지 올라가는 것을 보았을 때, 나는 그것을 78달러에 파는 것을 망설였다. 주식 가격이 75달러까지 떨어졌을 때, 나는 77달러에 팔 수 있다면 흔쾌히 팔겠다고 생각했다. 그러다가

65달러에 어쩔 수 없이 팔아야 하는 상황이 발생했을 때, 나는 나 자신을 그렇게 오랫동안 기다리도록 유혹한 것이 무엇인지 궁금해졌다.

내가 처음 주식시장에 관심을 갖게 된 부분적 이유는 힘든 노동에 대한 혐오 때문이었다. 주식을 통해 돈을 조금이라도 벌 수 있다면 힘든 노동의 일부를 줄일 수 있을 것이라는 판단이 작용한 것이다. 또 다른 부분적인 이유는 사람들이 주식에 대해 나에게 들려준 모든 정보가 훗날 보면 터무니없을 만큼 엉터리였다는 사실이 나의 호기심을 자극했기 때문이다.

저널리스트이자 작가로서 본분에 충실하다 보니, 나는 주식시장에 관한 정보를 누구 못지않게 많이 접할 수 있었다. 내가 들었던 예측들 중에서 사실로 드러난 것은 거의 없었다. 그래서 나는 내가 알고 지내는 사람들 거의 모두가 왜 그런 엉터리 정보를 많이 알고 있는지 그 이유가 궁금했다.

그런 호기심을 충족시키기 위해, 나는 지적인 사람들과 대화하다가 얻어 들은 주식 관련 정보를 작은 노트에 모두 기록하기 시작했다. 어떤 친구가 단기 투자를 위한 종목으로 US 스틸을 권하면, 나는 그의 제안을 노트에 그대로 적어두었다. 그런 다음 몇 개월 지나서 노트를 들춰보면서 그 정보와 실제로 주식시장에서 일어난 일을 서로 비교했다. 그 결과 나는 주식에 관해 들은 정보들 대부분이 진실이 아닐 것이라는 나의 의심이 결코 터무니없는 것이 아니었다는 사실을 확인할 수 있었다. 무책임한 사람이나 자신이 무슨 말을 하는지조차 모르는 것 같은 사람에게서 나온 정보는 차치하더라도, 주식에 권위자라는 사람들이 나에게 권한 주식을 모두 10주씩이라도 샀다면, 나는 큰 손실을 보았을 것이다.

사람들이 올라갈 것이라고 예상한 주식들이 거의 틀림없이 내려갔다는 사실을 확인한 다음, 나는 그 이유를 찾기 위해 주식시장을 연구하기 시작했다. 사람들의 예상이 빗나간 것이 불량 주식을 사서 그런가 아니면 우량 주식을 단지 엉뚱한 시기에 사서 그런가? 이 물음에 매달린 결과, **나는 형편없는 주식을 사서 돈을 잃는 경우보다 우량 주식을 엉뚱한 시기에 사서 돈을 잃는 경우가 훨씬 더 많다는 사실을 알게 되었다.** 정말 놀랍게도, 나는 우량 주식으로 돈을 잃는 것도 불량 주식으로 돈을 잃는 것만큼이나 쉽다는 사실을 배웠다.

오랫동안 나는 시장 트렌드와 경기 순환, 산업 현황, 반등, 다양한 원인과 결과 등에 대해 공부했다. **그러는 과정에 나는 어떤 주식이 상대적으로 싸다는 사실을 아는 것도 그 주식이 상승하는 상황에서 싼 것인지 아니면 하향하는 상황에서 싼 것인지를 모른다면 아무런 소용이 없다는 것을 배웠다.** 미국 군인이며 교육자이자 통계학자인 레너드 에어즈(Leonard P. Ayres)는 그것을 이런 식으로 표현하고 있다.

"어떤 주식의 가격이 싸 보인다는 이유로 주식을 사는 사람은 달력은 없고 온도계만 있어서 어느 따뜻한 가을날에 봄 작물을 심어야 할 때라고 판단하는 농부와 비슷하다."

나는 또한 주식이 날씨와 조금 비슷하다는 사실을 깨달았다. 만약에 몇 년 만에 가장 더운 날을 경험하고 있다면, 내일은 확실히 오늘보다 덜 더울 것이라고 확신해도 좋을 것이다. 마찬가지로, 주식 가격도 특별히 높이 올라가 있을 때에는 거의 틀림없이 떨어지게 되어 있다.

이 공부가 나의 호기심을 더욱 자극했다. 나는 시장에서 가상의 거래를 시작하면서 노트에 거래 내역을 상세하게 적었다. 어떤 주식이나 시장 상황에 관한 정보가 믿을 만하다 싶으면, 나는 가상으로 주식을 샀다. 그랬다가 가격이 충분히 올랐다 싶으면 주식을 팔았다. 나는 또한 내가 산 주식의 가격이 떨어질 때에도 다시 올라가기보다 더 내려갈 것 같다는 판단이 서면 주식을 팔았다.

나에겐 공포라는 심리적 장애가 전혀 없고 또 가상의 거래라서 돈을 날릴 위험도 전혀 없었기 때문에, 나는 진짜로 투자를 하는 사람들보다 유리한 위치에 서 있었다. **나는 활을 과녁의 한복판에 정확히 맞힐 수 있는 것과, 몇몇 사람이 나를 향해 활을 쏘고 있는 상황에서 과녁의 한복판을 맞힐 수 있는 것은 완전히 다른 문제라는 사실을 깨달았다.** (시간이 어느 정도 흐름에 따라, 나는 신용으로 주식을 매입한 사람은 자기 자신이 과녁이 된다는 사실을 배우게 되었다. 말하자면 그런 사람은 언제나 포화 세례를 받는 처지나 마찬가지란 뜻이다.) 가상 거래라서 돈을 잃을 위험으로부터 안전하다는 이점을 누렸음에도 불구하고, 나는 번번이 돈을 잃었다.

돈을 잃을 때마다, 나는 그 이유를 찾으면서 실수에서도 무엇인가를 배우려고 노력했다. 주식시장에 대해 아주 많은 질문을 던짐으로써 친구들을 귀찮게 하면서 몇 주일을 보내고 나자, 나는 가상 거래에서 손실을 줄이는 데 성공할 수 있었다. 1개월 동안 나는 수익을 200달러 이상 올릴 수 있었다. 그 다음 달에도 수익을 기록했다.

분명히 나는 주식시장의 투자가 어떤 식으로 돌아가는지를 배우기 시작하고 있었다. 그러나 손해를 볼 수 있는 모험에 끼어들기를 극도로 꺼리는 스코틀랜드인 조상을 둔 사람으로서 나는 주식을 사고파는 일을 계속 가상으로만 국한시키기로 했다. 그러다 마침내 1년 뒤에 나는 나 자신이 홀로 가상의 주식 거래를 통해 이론적으로 거둔 성과에 크게 놀라게 되었다. 정말로, 가상의 투자에 지나지 않았지만 내가 주식시장을 이기고 있었던 것이다.

그런 경험의 결과, 나의 내면에서도 실제로 돈을 갖고 주식을 사려는 의지가 점점 더 강해지고 있었다. 나는 은행에서 그때까지 한 푼 두 푼 모은 저축을 뽑고 친구에게 주식 중개인을 소개해 달라고 부탁했다. 나는 내키지 않는 걸음으로 중개인의 사무실로 향했다. 문을 열고 들어서자마자, 나는 혹시라도 아는 얼굴이 있을까 겁이 나서 주위부터 먼저 둘러보았다. 그곳이 흑인들이 주로 드나드는 저급한 카바레였어도 그보다 걱정은 덜했을 것이다. 사무실 안에 있던 사람들 모두가 속으로 "봉(鳳)이 또 하나 왔군!"이라고 생각하는 것 같은 느낌이 들었다.

주식 중개인은 신용으로 주식을 사는 방법에 대해 친절하게 설명해줬다. 주식을 신용으로 소유하는 것은 많은 대출을 안고 주택을 갖는 것과 약간 비슷하다는 생각이 들었다. 그러나 둘 사이엔 중요한 차이가 한 가지 있다. 부동산의 가치가 일시적으로 떨어지더라도, 주택 소유자는 그 주택을 담보로 대출해준 사람을 보호하기 위해 돈을 더 내놓으라는 요구를 받지 않는다. 그러나 주식의 경우엔 다르다. 신용으로 주식을 구입한 사람은 가격이 떨어질 때마다 주식 중개인에게 증거금을 더 내놓아야 한다.

몇 종의 주식을 산 그날 저녁에, 나는 솔직히 말해서 전 종목이 나의 증거금을 확 날려버릴 만큼 와장창 떨어지든가 아니면 나의 주식 중개인의 회사가 갑자기 파산하는 일이 벌어지길 기대하면서 신문을 집어 들었다. 그런데 예상과 달리, 나는 거의 300달러에 달하는 수익을 올린 사실을 확인할 수 있었다. 그러자 이런 생각이 들었다. "아니, 지금까지 끙끙거리며 머리를 싸매고 힘들게 일한 나는 도대체 뭐란 말이야! 지금까지 주식시장이 이랬단 말인가!"

다음날엔 주식시장의 등락을 전하는 신문이 올 때까지 기다리지 못했다. 나는 몇 분마다 주식 중개인에게 전화를 걸었다. 그때 이미 나는 신용으로 주식을 산 사람이 주식시장 외의 다른 일에 신경을 쓰는 것이 대단히 어렵다는 사실을 깨달았다.

그렇게 처음 주식 중개인을 만난 이후로, 나는 손실보다 이익을 조금 더 많이 올리면서 그럭저럭 주식시장을 경험하고 있다. 만약에 손실이 아주 컸더라면, 나는 주식시장에 대한 생각을 접어야 했을 것이다. 또 만약에 수익이 아주 컸더라면, 나는 나 자신에 대한 믿음을 더욱 키우면서 주식시장을 배우려는 노력을 접었을 것이다. 그래서 나는 종종 월스트리트가 대는 비용으로 소중한 교육을 받는다는 생각으로 오직 적당한 이익에만 만족하자는 다짐을 늘 새로이 하려고 노력하고 있다.

몇 년에 걸쳐 관찰하는 과정에, 나는 거의 모든 사람이 시장에서 저지르는 실수들을 발견할 수 있었다. 하

26

나같이 군중의 정상적인 행동으로 여겨질 수 있는 실수들이다. 하느님은 나도 그런 실수를 저질렀다는 사실을, 그리고 지금도 저지르고 있다는 사실을 잘 알고 계신다. 다음 여러 장에 걸쳐서, 나는 나 자신과 다른 사람들이 아주 흔하게 저지르는 실수 몇 가지를 검토할 것이다. 그런데 그 내용은 평균적인 사람이 아주 쉽게 하는 행동을 지적하는 것에 지나지 않는다.

그 실수들을, 말하자면 수익을 올릴 수 있는 기회가 아주 많은 훌륭한 시장에서 평균적인 사람이 하는 행동들을 간략히 요약하면, 다음과 같다.

평균적인 투자자는 처음에는 소심하게 구입한다. 낮은 가격에 아주 적은 양의 주식을 사는 것이다. 그러다가 시간이 흐름에 따라 믿음을 점점 더 키우면서 주식을 더 많이 구입하게 된다. 그러다 그 사람은 주식을 팔아 약간의 이익을 챙긴다. 그러나 그는 주식이 계속 상승할 것이라는 전망에 주목하면서 주식을 판 것을 후회하며 같은 주식을 높은 가격에 다시 구입한다. 그런데 이번에는 더 많은 수익을 올리기로 마음을 먹고 지나치게 오랫동안 기다리다가 그만 팔 기회를 놓치고 가격이 떨어지는 것을 지켜보게 된다. 그러면서 그는 떨어진 가격을 헐값으로 착각하고 더 많은 주식을 사며 결과적으로 자신이 소유한 주식의 평균 구입 가격을 더 높이고 만다.

이어 신문의 경제면이 투자자들을 낙담시키는 기사로 넘쳐나고 주식 가격이 바닥을 칠 때, 그는 겁을 잔뜩 먹고 자신이 구입한 최저 가격보다도 더 낮은 가격으로 주식을 전부 처분한다.

그러고 나서야 그는 거래가 일어날 때마다 주식 중개인에게 수수료를 지불했다는 사실을 깨닫는다. 주식 중개인에게 지급하는 수수료도 무시 못할 만큼 큰 부담이다. 주식시장이 상승세를 타고 있을 때조차도 돈을 잃을 수 있다는 것이 전혀 이상하지 않다.

2장
—

허영심이 우리를
어떻게 패배자로 만드는가?

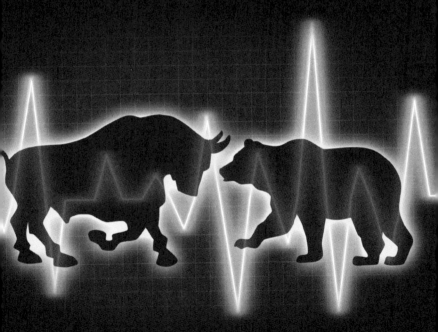

허영심, 바로 우리 자신의 허영심이 아마 주식시장에서 성공을 가로막는 최대의 적일 것이다. **우리가 작은 이익을 챙기고 큰 손실을 입도록 하는 것이 바로 이 허영심이다.**

이익은 아주 작은 것이라도 괜찮다. 왜냐하면 이익은 아무리 작아도 그 자체로 당신이 게임에서 이겼다는 사실을 뒷받침하는 증거이기 때문이다. 또 그것이 당신의 허영심을 충족시키기 때문이다.

그러나 손실은 아주 작을지라도 당신의 자존심에 상처를 입히게 된다. 그래서 주식 가격이 떨어지기 시작한 뒤에도 당신은 작은 손실을 받아들이지 못하고 본전이 될 때까지 기다리는 쪽을 택할 것이다.

손실을 받아들인다는 것은 곧 당신의 원래 판단이 틀렸다는 점을 인정하는 것이나 마찬가지이다. 오판을 인정하는 것은 결코 달갑지 않은 일이다. 당신은 자신이 피해자라는 사실을 당신의 주식 중개인에게 알리고 싶어 하지 않는다.

더 나쁜 것은, 당신이 자신조차도 판단을 잘못했다는 사실을 모르게 하려 든다는 점이다. 무의식적으로, 사람들은 종종 이런 식으로 생각한다. "1,000달러를 날리는 한이 있더라도, 100달러를 회복할 때까지 기다릴 거야!" 당신이 본전을 찾을 날을 기다리는 사이에, 주가는 당신이 직시하기 무서울 만큼 떨어진다. 그런 상황에서도 당신은 주식 중개인이 처분하라고 다그칠 때까지 주식을 팔지 않을 것이다.

주식 중개인의 사무실을 아무 곳이나 한 군데 골라서 그 안을 들여다보라. 여러 사람들이 여기저기 흩어져서 신경을 집중한 가운데 말없이 앉아 있는 것이 보일 것이다. 그 사람들은 아마 오래 전부터 손해를 보고 있는 투자자들일 것이다. 그런데도 그들은 본전을 찾아 자신의 허영심을 달래길 기대하면서 지금도 기다릴 준비가 되어 있을 것이다.

다른 한쪽에선 신경이 날카로운 상태에서 어떻게 해야 할지 몰라 안절부절못하는 사람들이 보일 것이다. 그 사람들은 아마 자신의 허영심이 상처를 입기 전에 주식을 팔아 조금의 이익이라도 확실히 챙기기로 마음을 정하고 있는 중일 것이다.

주식 중개인들은 장부를 검토하면서 전체 거래 중에서 손해를 본 거래보다 이익을 본 거래가 더 많다는 사실을 간혹 확인하게 된다. 그럼에도 이상하게도 전체 금액을 따지면 손실이 이익보다 훨씬 더 크다. 이유는 간단하다. **손실 규모는 거의 예외 없이 큰 반면에 이익의 규모는 거의 모두가 작기 때문이다. 달리 말하면, 작은 이익을 받아들이고 손실은 계속 이어지도록 내버려둔다는 뜻이다.**

사람들은 허영심 때문에 무슨 일이든 강제적으로 하는 것을 싫어한다. 그래서 사람들은 대공황 때문에 팔 계획에도 없던 주식을 어쩔 수 없이 팔게 되었다는 사실조차도 인정하기를 꺼린다. 그래서 사람들은 자존심의 상처를 조금 일찍 받아들이고 작은 손실을 감수할 경우에 문제의 대부분을 피할 수 있는 상황에서도 주식 중개인에게 추가로 내놓을 증거금을 마련하기 위해 주택을 담보로 맡기고 대출을 받기도 한다.

절망의 시기에 사람들이 우량 주식을 내다팔고 불량 주식을 갖고 있도록 만드는 것도 허영심이다. 사람들은 어려운 시기에도 불량 주식을 팔지 않으려 들 것이다. 불량 주식을 판다는 것 자체가 손실을 의미하기 때문이다. 이때 사람들은 거꾸로 지금도 여전히 수익을 내고 있는 우량 주식을 처분한다. 최종적으로 손실을 만회해줄 수 있는 바로 그 주식을 아무 생각 없이 팔아버리는 것이다. 이런 현상에 대해서는 앞으로 어느 장에서 더 많은 이야기를 들려줄 것이다.

하락하는 시장에서 대부분의 투자자들이 이미 손해를 보고 있는 주식을 추가로 사도록 만드는 것도 바로 이 허영심이다. 135달러에서 26달러로 추락한 크라이슬러 주식을 소유한 결과 집을 잃게 된 당신의 친구들도 처음에 구입한 주식보다는 본전을 뽑기 위해 추가로 구입한 주식 때문에 더 많은 돈을 잃었을 것이다. 하락할 가능성이 큰 주식을 내다버리고 가격 하락에 저항하고 있는 다른 주식으로 갈아탈 생각은 하지 않고,

그들은 혼자 이렇게 말한다. "뭔가 보여줘야지. 가만히 앉아서 손해를 볼 순 없지." 그 주식의 가격이 떨어질수록, 그들은 시장에서 그 주식을 더 많이 산다. 그들은 자신의 뺨을 때린 바로 그 손에다가 다시 입을 맞추는 것이다.

대체로 보면, 주식의 평균 가격을 낮추는 것보다 평균 가격을 높이는 쪽이 훨씬 더 안전하다. 평소에 애초에 구입한 주식이 수익을 낼 때까지 그 주식을 추가로 더 사지 않는다는 것을 원칙으로 정해놓는 것이 현명하다. 평균 가격을 높이는 전략의 아름다움은 바로 당신이 수익으로 챙긴 돈으로 주식을 산다는 점에 있다. 말하자면 당신의 돈이 아니라 다른 동료들의 돈을 이용한다는 뜻이다. 그러나 당신이 이익을 내고 있을 때조차도, 당신의 허영심은 당신이 그 주식의 가격이 바닥을 칠 때 사지 않았다는 사실 때문에 약간의 상처를 입는다.

사람이 신용으로 주식을 사도록 만드는 것도 틀림없이 허영심이다. 신용을 이용할 경우에, 30주를 살 수 있는 자금력으로 100주를 살 수 있게 되기 때문이다.

사람들이 주식시장의 전문적인 투자 집단이 대중을

노려 퍼뜨리는 온갖 이야기를 믿도록 만드는 것도 아마 허영심일 것이다. 사람은 누구나 무대 바로 앞에, 말하자면 내부에 있기를 원한다. 그러기에 자신이 산 주식이 현재 80달러에 거래되고 있지만 합병을 통해 150달러까지 올라갈 것이라는 비밀스런 이야기를 들으면서, 사람들은 마치 자신이 비밀을 다루는 그런 위치에 있는 듯 착각하며 그 이야기를 쉽게 믿어버린다.

투자 집단은 언제나 대중으로 하여금 어떤 주식이 더 높은 가격에 팔리게 될 것이라고 믿도록 만들어야 한다. 그렇게 하지 못하면, 투자 집단은 자신들이 목표로 잡고 있는 높은 가격까지 대중이 투자하도록 만들지 못할 것이다. 허영심이 없다면, 사람들은 내부 정보처럼 포장한 소문을 그렇게 강하게 믿지 않을 것이다. 사람들은 아마 주식시장 조작의 성공은 전적으로 비밀에 좌우된다는 사실을 잘 알고 있을 것이다. 그런 만큼 허영심이 큰 사람일수록 내부 정보로 위장한 소문을 더 강하게 확신할 것이다. 따라서 그 사람은 그 주식에 집착할 가능성이 훨씬 더 커지고 그 결과 돈도 더 많이 잃게 될 것이다.

내부 정보로 여겨지는 것에 대한 믿음이 강한 사람일

수록 더 큰 위험을 감수하려 들 것이다. 만약에 그런 사람이 처음에 손해를 보게 된다면, 그 사람은 정말 엉뚱하게도 자신이 들은 비밀 계획이 곧 자신에게 많은 돈을 안겨 줄 것이라고 기대하면서 돈을 추가로 더 걸 것이다.

그 사람이 잘 알고 있다는 계획이 설령 건전하다 할지라도, 계획 자체가 틀어질 수도 있다. 대단히 똑똑한 사람이 만든 최고의 계획도 어쩌다 어긋날 수 있는 일이다. 그러나 허영심 때문에 자신이 들은 것을 굳게 믿는 투기자는 추리력을 이용하지 않는다. 적어도 돈이 다 없어질 때까지는 추리력을 동원하지 않을 것이다.

2장 허영심이 우리를 어떻게 패배자로 만드는가?

3장

———

탐욕의
높은 대가

535.01 − 308.18 ▼ 172.293 − 0.009 − 0.082% 12.92
755.67 − 740.20 ▲ 20.308 + 0.278 + 05.37% 80.37
205.20 − 370.16 ▼ 29.374 − 0.820 − 82.95% 17.29
111.48 − 300.77 ▲ 10.888 + 0.616 + 2.370% 90.61
108.33 − 740.74 ▲ 50.061 + 0.374 + 2.061% 11.00
293.08 − 728.57 ▼ 37.820 − 0.572 − 8.537% 20.30
100.95 − 108.70 ▼ 18.447 − 0.537 − 0.048% 82.06
293.57 − 537.00 ▲ 38.101 + 0.370 + 0.003% 70.08
135.18 − 108.61 ▲ 100.616 + 0.101 + 7.820% 18.60
278.00 − 121.20 ▲ 48.064 + 0.111 + 6.108% 10.20
572.00 − 108.11 ▲ 57.082 + 0.600 + 1.205% 67.82
108.74 − 121.6 ▲ 12.061 + 0.049 + 0.278% 33.07
310.40 − 300.40 ▲ 40.048 + 0.920 + 0.061% 57.75

주식시장에 투자하는 사람이 훌륭한 판단을 내리기 위해 경계해야 할 적으로 허영심 다음으로 나쁜 것은 탐욕이다. **내가 만약에 모든 주식을 처음에 사면서 기대한 가격에 처분했더라면, 나의 경제사정은 지금보다 훨씬 더 나아졌을 것이다.** 나는 주식을 구입한 바로 그 날 매도 주문을 넣었다가 주식 가격이 예상한 가격에 도달하자 주문을 취소해버린 적이 자주 있었다. 겨우 몇 백 달러의 이익으로는 만족할 수 없다는 이유에서였다.

그런데 참으로 이상한 것은 단 한 번의 예외도 없이, 나의 탐욕이 작동해 팔려던 주문을 취소했을 때마다 주식 가

41
3장 탐욕의 높은 대가

격은 그 뒤에 어김없이 떨어졌다는 사실이다. 그 결과 나는 애초에 계획했던 가격보다 낮은 가격에 주식을 팔아야 했다.

그럴 때면 나는 "그때 팔았어야 했는데!"라고 후회했다. 이런 경험을 몇 번 하다 보면 탐욕을 부리지 않을 만도 한데, 그게 마음대로 잘 안 되는 것 같다. 나만 아니라 모든 사람이 그런 식의 후회를 하고 있으니 말이다. **우리 모두는 인간으로서 어느 정도의 탐욕을 갖고 있다. 그렇기 때문에 주식을 살 때보다 팔 때 결정을 내리기가 더 어려워지는 법이다.**

시장 상황이 어렵다는 이유로 당분간 주식을 사지 말라고 조언하면, 많은 사람들이 그 조언을 받아들인다. 그러나 주식을 팔라고 조언하면, 그 의견에 따르는 사람들의 비율이 뚝 떨어진다. 주식을 팔고 시장에서 당분간 발을 빼라는 조언을 받아들이는 사람들의 숫자는 주식을 사지 말라는 조언을 받아들이는 사람들의 숫자에 비하면 10%도 안 된다는 게 주식 중개인들의 짐작이다.

이에 대한 설명은 이렇다. 당신이 주식을 구입하는 것은 어디까지나 돈을 벌 기회를 갖기 위해서이다. 그런데 주식을 파는 것은 더 많은 것을 얻겠다는 희망을 포기하는 것이나 마찬가지이다. 누구도 희망을 포기하는 쪽에 서길 원하지 않을 것이다. 따라서 탐욕이 위험보다 더 강한 요소인 것 같다.

사람들은 천성적으로 대단히 낙천적이다. 그래서 사람들은 좀처럼 겁을 먹지 않는다. 자신의 이익이 걸린 상황이라면 더더욱 겁을 먹지 않을 것이다. 낙천주의가 아름답긴 하지만, 우리는 그걸 경계할 줄도 알아야 한다.

모든 낙천주의자가 다 봉인 것은 아니다. 그러나 대부분의 봉은 낙천주의자인 것 같다. 낙천주의자는 언제나 시장이 곧 상승세로 돌아설 것이라고 생각한다. 낙천주의자는 장기간의 가격 하락을 상상하지 못한다.

그러나 공포는 한 번 발동했다 하면 열정보다 훨씬 더 빨리 작동한다. 따라서 주식 가격은 올라갈 때보다 떨어질 때 훨씬 더 가파르게 떨어진다. **베어마켓(약세장)은 절대로 불마켓(상승장)만큼 오래 지속되지 않는 법이다.**

주식 중개인의 시장 정보지들이 주식 매도보다 주식 매수를 배 정도 더 선호하는 한 가지 이유는 아마 주식 중개인이 천성적으로 낙천적이거나 상황을 종종 잘못 판단해서가 아니라 고객들이 그런 낙관적인 조언을 원하기 때문이다. **고객들이 탐욕 때문에 주식을 사라는 조언을 듣기를 더 좋아할 수 있는 것이다.**

주식시장을 예측하는 전문가가 시장이 호황을 누릴 것으로 내다봤는데 그 전망이 현실로 나타나지 않았다면, 대중은 낙관적으로 본 그 전문가를 너그러이 용서할 것이다. 그러나 만약에 그 전문가가 약세를 지나치게 빨리 예측하면서 실제보다 한참 앞서서 슬럼프를 경고했다면, 그의 명성엔 지울 수 없는 오점이 남게 될 것이다. 그의 조언에 따라 정점에 이르기 전에 주식을 처분한 탐욕스런 사람들은 자신이 꼭짓점에서 팔았을 경우에 챙길 수 있었을 돈의 액수를 결코 잊지 못할 것이다.

얼마 전에 어떤 젊은 여인이 1,000달러를 어떻게 투자하면 좋은지를 물어왔다. 나는 그녀에게 "유럽 여행에 투자하세요. 그러면 어떤 주식 중개인도 당신에게서 그 돈을 빼앗지 못해요. 그러나 만약에 주식 가격이 지나치게 높을 때에 주식에 투자하면, 돈을 모두 잃고 말 거예요."라고 대답했다. 그런데 그녀는 돈을 잃는 쪽을 택했다. 그녀는 유럽 여행을 갈망했으면서도 돈에 대한 탐욕을 버리지 못한 탓에 주식을 사서 스스로 불행을 부르고 말았다.

여기서 어떤 대화가 떠오른다. 주식 중개인의 사무실에서 엿들은 내용이다. 어여쁜 젊은 여인이 주식 거래와 관련해 멘토 역할을 하던 남자 친구에게 전화를 걸고 있었다. 그녀의 말은 이랬다. "하지만 달랑 9달러 정도에 만족해야 한다면, 다른 걸 사는 게 낫겠어. 잘 알다시피, 25달러는 올라야 여행을 갈 돈이 생기거든."

월스트리트에서 아주 유능한 인물로 통하는 한 사람은 주식을 구입하기에 적절한 시기는 일년에 겨우 두세 차례밖에 되지 않는다고 말했다.

그는 이렇게 말했다. "당연히 익명으로 처리해주길 바란다. 주식 중개소를 위해 일하는 관계로 잘못하다가 직장을 잃을 수도 있을 테니까. 그러나 그런 유익한 조언을 아무리 자주 공개해도 우리 사업에는 별 지장이 없어. 아무도 그 조언을 믿지 않으니까." 느긋하게 앉아서 주식 가격이 떨어질 때를 기다리는 사람은 거의 없다. 이렇듯 탐욕은 인내의 적이다.

언젠가 나는 어떤 주식 중개인의 사무실에서 100명 정도 되는 고객들을 바라보면서 그 중개인에게 이런 질문을 던졌다.

"이 사람들 중에서 돈을 벌어 시장을 빠져나가는 사람은 어느 정도 되는가?"

그의 솔직한 대답은 "열 명 중 아홉 명은 돈을 잃을 것이다."라는 것이었다. "이유는 첫 번째 큰 하락세가 시장에서 그들을 모두 쓸어버릴 것이기 때문이다. 일시적 하락세에도 그런 불행한 결과가 나타난다. 처음에 아주 보수적인 태도를 보이며 은행에 비상금을 고이 넣어두고 있던 사람도 탐욕 때문에 금방 동원 가능한 돈을 모두 주식에 때려 넣고 그것으로도 모자라 신용까지 끌어다 쓰게 된다. 그런 처지의 사람들은 일시적 급락도 견뎌내지 못한다."

주식시장에서 최악의 손실은 당연히 주식 가격이 아주 높을 때 주식을 구매하는 데서 비롯된다. 놀라운 사실은 사람들이 주식 가격이 과대하게 평가되고 있다는 사실을 잘 알면서도 다른 누군가에게 그보다 더 높은 가격으로 되팔기를 기대하며 그 주식을 사들인다는 점이다. 플로리다 주에서 얼마 전에 일어난 일이 바로 그런 것이었다. 사람들이 늪지를 10,000달러에 사서 그것을 자신들보다 더 어리석은 희생자들에게 넘기길 원했던 것이다.

워싱턴의 유명한 학자인 나의 친구 윌러드 키플링거
(Willard Kiplinger)는 사람들의 탐욕에 의해 높아진 가
공의 주식 가치가 붕괴할 수밖에 없는 이치에 대해 즉
흥적으로 아주 멋있게 설명해 주었다. 그와 나, 그리고
다른 친구 한 명이 함께 저녁을 먹는 자리에서 키플링
거는 이렇게 말했다.

"나는 주식시장이 이렇다고 봐. 여기서 내가 지금 아
이스크림을 시켰어. 아이스크림 값은 10센트야. 그런
데 웨이터 로버트가 아이스크림을 갖고 오면서 아이
스크림이 동이 나서 오늘 밤엔 더 이상 주문이 불가능
하다고 말해. 그러자 갑자기 나의 아이스크림이 자네
의 눈에 더 값져 보여. 그러자 자네가 나에게 아이스크
림 값으로 12센트를 주겠다고 제안하는 거야. 그걸 보
고 있던 빌도 아이스크림을 주문하려던 터라 자네에게
13센트를 제시하는 거야. 자네는 스코틀랜드 출신이라
돈 되는 것을 보고는 그냥 넘어가지 못하는 사람이야.
그런데 빌이 아이스크림에 대해 자랑을 지나치게 많이
늘어놓자, 이번에는 내가 아이스크림을 너무 쉽게 내
놓은 것을 후회하면서 도로 그것을 14센트에 샀어. 그

런데 그때 아이스크림이 다 녹아버렸어. 내가 느낀 실
망감이야 굳이 말로 하지 않아도 모두 짐작할 수 있겠
지?"

4장
—

믿으려는
의지의 위험

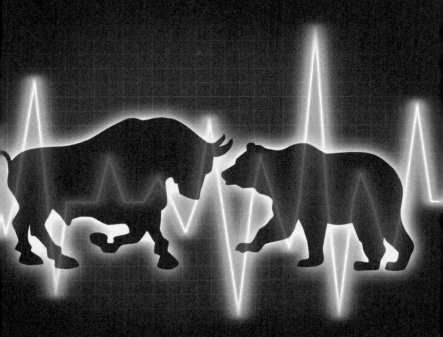

주식시장에서 돈을 벌려고 하는 사람에게 허영심과 탐욕 다음으로 나쁘게 작용하는 요소는 아마 믿으려 드는 의지일 것이다. 사람은 자신이 진실이었으면 좋겠다고 생각하는 것이면 무엇이든 진실하다고 생각하는 경향을 보인다.

어느 유명한 의사가 어떤 사람에게 불치병에 걸렸다는 사실을 전한다고 가정해 보자. 그러면 이 환자는 자신을 치료할 수 있다고 나서는 돌팔이 의사에게 휘둘릴 가능성이 아주 커진다. 이 환자는 평소였다면 돌팔이 의사를 믿지 않았을 테지만 지금은 돌팔이 의사를 믿지 않을 경우에 생명에 대한 유일한 희망이 사라져 버리게 될 것이다. 뭔가 나아지는 게 있지 않을까 하는 기대에 죽은 성직자의 무덤을 찾는 가난한 사람들도 아무것도 통하지 않는 절박한 상황에 처하지 않았더라면 그런 믿음을 갖지 않았을 것이다.

마찬가지로, 사람들은 불량 주식에 대한 믿음을 놓지 않으면서 그 주식이 40달러 혹은 50달러까지 올라가기를 기대한다. 거기에 경제적 구원의 마지막 희망이 걸려 있기 때문이다.

누군가가 어떤 주식의 가격이 틀림없이 올라갈 것이라고 장담한다면, 그 말은 곧 "가격이 올라가 준다면 얼마나 좋을까!" 하는 희망을 표현하는 것일 뿐이다. 내부 정보를 내세우며 마치 소신을 밝히듯이 하는 말은 간혹 자신의 용기를 북돋우기 위해 희망사항을 피력하는 것에 지나지 않는다.

많은 사람들이 어느 주식 중개인의 흑인 비서의 조언에 귀를 기울이는 모습을 본 적이 있다. 이 비서의 조언이 인기를 누렸던 이유는 그것이 주식 투자자들이 진정으로 믿고 싶어 하는 바로 그 내용이었기 때문이다.

주식거래소의 연구실에서 숫자를 분석하는 일을 하

는 학구적인 사람들은 종종 신중한 태도로 소중한 조언을 할 수 있다. 그러나 고객들은 그들의 조언을 들으려 하지 않는다. 왜냐하면 주식 투자자들이 호감 가는 성격에 다소 수다스런 창구 직원의 말을 더 신뢰하기 때문이다. 그런데 이 창구 직원이야말로 주식 시장에 대해 공부는 거의 하지 않으면서 언제나 무슨 주식이든 오르게 되어 있다고 믿는 사람들이 아닌가. 그들은 고객이 듣고 싶어 하는 말만 늘어놓을 준비가 언제든 되어 있는 사람들이다.

1929년 10월 대공황이 있기 전에 그런 끔찍한 불행이 다가오고 있다는 것을 예측한 사람이 내 주변에는 딱 한 사람뿐이었다. 이 사람이 고용주에게 자신의 예측에 대해 알려주었을 때, 고용주가 어떤 조치를 취했을 것 같은가? 이 사람에게 돌아온 것은 해고 통지였다. 그가 들려준 이야기는 고용주에겐 진실이라고 믿기에 너무나 불쾌한 내용이었다. 그래서 고용주는 차라리 그가 신뢰할 수 없는 사람이라는 쪽으로 결론을 내렸던 것이다.

내 친구 하나는 마지막 불마켓에서 약간의 돈을 벌었다가 대공황 때 그 돈만 아니라 평생 모은 저축까지 몽땅 날려버렸다. 한때 그는 20,000달러를 벌 수 있는 상황에 이르렀다. 그 돈을 그는 상상 속에서 이미 다 지출하고 있었다. 새 집을 짓고, 새 자동차를 구입하고, 장모님께 6개월 이상 외국 여행을 시켜드린다는 구상이었다.

그러던 어느 날 아침, 그는 20,000달러이던 수익이 16,000달러로 줄어들었다는 사실을 발견했다. 그때라도 주식시장에서 빠져나왔더라면, 16,000달러도 결코 적은 돈이 아니었다. 그러나 심리적으로 이미 20,000달러를 지출해버린 그로서는 16,000달러에 만족해야 한다는 생각을 선뜻 받아들이기 어려웠다. 그러면서 그는 스스로 이런 식으로 위로했다. "잠시 하락하고 있을 뿐이야. 시장 상황이 다시 좋아지면 20,000달러를 갖게 될 거야. 틀림없이 상승 장이 펼쳐질 테니 주식을 더 사야겠어. 그러면 가격이 조금만 올라도 원래의 수치로 쉽게 돌아갈 거야."

그러나 주식 가격은 다시 오르기는커녕 오히려 하락세를 이어갔다. 이제 그는 올라봐야 기껏 1, 2포인트 오르는 상황에서 20,000달러를 챙기기 위해선 전보다 훨씬 더 많은 주식을 소유해야 한다는 사실을 깨달았다.

20,000달러 수익은 오직 서류상에만 있을 뿐인데도 그에게는 마치 주머니 안에 든 것처럼 현실 속의 돈으로 여겨졌다. 그리고 상상 속의 지출, 특히 쾌락을 위한 지출은 삶의 계획의 일부가 되어버렸다. 그래서 그는 자신이 무조건 그만한 돈을 가져야 한다고 생각하기에 이르렀다. 그가 주식을 더 많이 사게 된 것도 바로 그런 생각 때문이었다.

주식 가격이 계속 떨어지고 있는 것을 그는 주식시장이 정점을 찍고 급락을 시작했다는 사실을 암시하는 것으로 받아들였어야 했다. 그러나 그의 서류상 수익이 그의 눈을 가려 버렸다. 그의 수익은 이제 2,000달러로 쪼그라들었다.

그때 누군가가 그에게 다음 상승장에서 겨우 2, 3포인트 오를 것을 기대하느니 차라리 25포인트 오를 가능성이 있는 다른 주식을 사는 게 낫겠다고 제안했다. 달리 말하면, 오를 가능성이 있는 만큼 떨어질 가능성 또한 큰, 투기성이 아주 강한 주식을 구입하라는 유혹을 그가 받고 있었다는 뜻이다. 지푸라기라도 잡고 싶은 심정이었던 그는 그 유혹을 뿌리치지 못한 탓에 가진 돈 거의 모두를 잃었다. 마지막까지, 그는 자신이 들은 어리석은 이야기를 굳게 믿었던 것이다. 그래도 그가 빨가벗기지 않은 상태에서 시장에서 빠져나온 것만은 다행이었다. 그는 '믿으려 드는 의지'의 피해자였던 것이다.

5장
—

비논리적인 생각이
지혜로 통하는 곳

내가 주식시장과 관련해 가장 먼저 발견한 것 중 하나
가 바로 논리적인 행동이 주식시장에선 거의 틀림없이
잘못된 행동이라는 점이다.

**정말로, 주식시장의 가장 매력적인 점은 거기선 비논리
적인 행동을 함으로써 돈을 벌 수 있다는 사실이다.** 여하
튼 주식시장에서는 비논리적으로 보이는 행동을 하면
성공할 확률이 크게 높아진다. 매우 명백한 논리를 따
르는 행동은 치명적인 결과를 낳게 되어 있다.

정말이지, 주식시장에 투자를 하는 행위 자체가 비
논리적일 수 있다. 어린 시절 이후로 이길 수 없는 것을

물리치려고 시도하는 무모함에 대해 들은 온갖 이야기들을 근거로 한다면, 그렇게 생각하지 않을 수 없다. 게다가, 투기는 일반적으로 위험할 뿐만 아니라 대단히 사악한 것으로 여겨지기도 한다. 주식시장에서 챙긴 수익은 떳떳하지 않은 이익이다. 결코 땀을 흘려 얻은 수익은 아니기 때문이다.

그럼에도 불구하고, 성공을 거두고 있는 보수적인 성향의 제조업자들도 모두 일종의 투기자이다. 성공하는 제조업자는 당연히 투기자가 되어야 한다. 제조업자가 적어도 원료의 일부만이라도 값이 쌀 때 구입하지 못하면, 그 제조업자는 결국엔 파산하고 말 것이다. 세일즈맨이나 광고 담당자가 아무리 똑똑하다 할지라도, 높은 가격에 원료를 구입한 탓에 불리한 조건에서 제품을 내놓을 수밖에 없는 제조업자는 그 조건을 버텨내지 못할 것이다.

심지어 주택을 사는 것조차도 투기적인 측면을 갖고 있다. 가치가 떨어질 것이라는 전제 하에서 주택을 소유하려는 사람은 아무도 없을 테니까.

투기를 어렵게 만드는 것은 아마 투기에 불명예를 안긴 바로 그 요소일 것이다. 사업을 시작하는 사람들 대부분은 결국엔 성공적인 구매자와 판매자가 되지 못한 탓에 실패하고 만다. 마찬가지로, 주식에 투자하는 사람들 중 대부분은 위험을 무릅쓰고 건 돈을 잃는다. 주식 투자자들 중 과반이 그런 모험에서 실패하는데, 이들은 당연히 그 모험에 대해 좋게 말하지 않을 것이다. 그러나 골프를 마스터하지 못한 사람도 골프를 극구 찬양하지 않기는 마찬가지이다.

그럼에도 어떤 사람은 주식시장에 투자하는 것을 유일한 생계 수단으로 여기며 매년 삶을 살아가고 있다는 사실은 그대로 사실로 남는다. 그런 사람은 백만장자가 되지는 못할 것이다. 만약에 백만장자가 되었다면, 그 사람은 더 이상 투기 문제로 고민하지 않을 것이다. 그러나 그 사람은 파산도 하지 않을 것이다. 왜냐하면 그럴 경우엔 더 이상 투기를 하지 못하게 될 것이기 때문이다.

주식시장에서 투입한 돈보다 더 많은 돈을 끌어낼 궁리를 하는 사람들 중 소수는 일반적으로 논리적으로 받아들여지는 행동과 정반대로 행동함으로써 그 같은 목적을 성취하고 있다. 그들은 지적인 것처럼 보이는 투기자들의 과반이 하고 있는 것과 정반대로 움직이고 있다.

　주식시장이 논리적 사고를 단념하게 만드는 한 예로, 나는 주가가 좋은 소식에 떨어지고 나쁜 소식에 올라가는 경향을 제시하고 싶다. 만약에 당신이 어떤 회사의 주식을 상당히 많이 갖고 있는데 이 회사의 이사회가 배당을 높이기로 결정했다는 소식이 들리면, 주변 사람들은 당신이 기뻐할 것이라고 예상할 것이다. 당신이 허벅지를 꼬집으면서 "그렇다면 주식 가격이 올라가겠군! 며칠 동안 꽤 괜찮은 수익을 챙기겠는데."라며 좋아할 일처럼 보이니 말이다.

　그러나 그 주식은 가격이 올라가기는커녕 그런 좋은 소식 때문에 거의 틀림없이 대거 매물로 나올 것이다. 시장은 거의 언제나 앞으로 벌어질 일들을 예상한다. 그러기에 전문적인 주식 투자자들은 그 주식을 더 이상 갖고 있을 필요가 없다는 식으로 생각할 것이다. 왜냐하면 그들이 기대해왔고 또 주식 자체가 가격의 점진적 상승으로 예고한 바로 그 일이 이제 막 일어났기 때문이다. 좋은 소식이 공개되면, 갑자기 매수자보다 매도자가 많아진다. 그렇기 때문에 좋은 소식이 있은 뒤 그 주식의 첫 움직임은 하향세를 보이는 것이다.

한편, 나쁜 소식이 나오면 해당 주식의 가격은 올라 갈 것이다. 유력한 투자자들이 "최악의 일이 마침내 일 어났어. 그러니 이 주식은 다시는 이 수준으로까지 떨 어지지 않을 거야. 그러니 지금 당장 사야 돼."라고 속 으로 생각하기 때문이다.

주식시장의 투기자가 할 수 있는 가장 논리적인 행위는, 그리고 그 투기자가 할 가능성이 가장 큰 행위는 주식을 가격이 높을 때 사서 가격이 떨어질 때 팔아 손해를 보는 일이다. 이 같은 행동은 결코 현명하지는 않지만 논리 적이다. 왜냐하면 주식 가격이 가장 높이 올라가 있을 때, 그 전까지 그 사람의 귀로 흘러들어온 온갖 정보들 이 정확한 것으로 확인되면서 그 사람에겐 가격이 추 가로 더 올라갈 것이라는 점을 암시하는 것으로 여겨 졌을 것이기 때문이다.

그러나 주식 가격이 최저로 떨어지고 있을 때, 그가 주식시장에 밝다는 친구들과의 대화에서 듣거나 신문 에서 본 모든 정보가 그를 낙담시키고 있다. 이때 논리 적으로 작동하는 마음에는, 최악의 사태가 앞으로 닥 칠 것이 너무나 분명하고, 하락세의 끝은 아직 오지 않 은 것이 확실해 보인다. 주식 중개인들의 기록에 따르면 100명 중 97명이 가격이 가장 높을 때 주식을 구입해서 바닥을 칠 때 판다고 하는데, 이 같은 수치도 전혀 놀라운 것이 아니다.

이런 상황에서, 당신은 상승 장세에서 주식을 살 뿐만 아니라 그야말로 꼭짓점에서 살 확률이 아주 높아진다. 그렇게 안 할 이유가 있을까? 어떤 주식에 관한 뉴스로 최고 가격을 기록했다는 뉴스보다 더 좋은 것은 없을 것이다. 그날 그 주식이 최고가를 기록하게 만든 것도 바로 그 좋은 뉴스였으며, 사람들이 그런 달콤한 말에 넘어가 그 주식을 사도록 유혹한 것도 그 같은 분위기였다.

매일 저녁 당신은 신문을 보면서 어떤 주식을 오전에 사서 주식시장이 문을 닫는 오후 3시에 팔았더라면 상당한 돈을 벌 수 있었을 것이라는 사실을 확인한다. 그러면서 논리적인 마음의 소유자인 당신은 스스로에게 이렇게 말한다. "내일 당장 이 주식을 사서 지금이라도 상승세를 타야겠어."

어떤 일이 거듭해서 일어날 경우에 그 일이 같은 방향으로 지속적으로 일어날 것이라는 확신이 강하게 생긴다는 것을 모든 사람은 잘 알고 있다. (무대 마술사들은 인간 본성에 있는 이런 특성을 잘 이용하고 있다. 당신도 마술사가 공을 하나씩 위로 던져 올리다가 마지막에 가서 공 하나를 어디론가 사라지게 만드는 묘기를 보았을 것이다. 묘기라고 할 것까지도 없다. 마술사는 마지막 공을 던지지 않고 그냥 던지는 시늉만 했을 뿐이다. 그런데도 관객 대부분은 마술사가 공을 진짜로 위로 던져 올렸다고 믿는다. 왜냐하면 마술사가 그때까지 해 오던 것이 공을 위로 던지는 행위였기 때문이다.)

사람들이 어떤 주식이 며칠 동안 오른 뒤에도 그때처럼 똑같이 지속적으로 오를 것이라고 판단하며 정점에서 그 주식을 사도록 만드는 것도 이와 똑같은 심리적 특성이다. 주식 가격이 며칠 떨어지는 것을 지켜본 투자자가 계속 그럴 것이라고 판단하며 주식을 가장 낮은 가격에 팔게 만드는 것도 똑같은 성향이다. 당신이 이런 식으로 논리적으로 결론을 끌어냈기 때문에, 당신이 구입한 주식은 올라가지 않고 그날부터 반대로 내려가게 된다.

자신이 산 직후에 주식이 오르기를 멈추고, 자신이 판 직후에 주식이 내리기를 멈추는 사실 앞에서, 사람들은 이상한 우연이라고 생각하기 쉽다. 그러나 이런 현상이 나타

나는 것은 단지 많은 개인들의 본성이 서로 매우 비슷하고 또 많은 개인들이 정신적 긴장을 겨우 그 만큼밖에 견뎌내지 못하기 때문일 뿐이다.

어떤 사람이 최종적으로 매수 압력이나 매도 압력에 굴복하게 만드는 영향은 거의 모든 사람에게 똑같이 작용하며 똑같이 행동하도록 만든다. 그러면 당신은 최고 가격이나 최고에 가까운 가격을 지급하기 쉽다. 이는 단순히 당신이 평균적인 사람이라는 이유 때문이다. 그래도 당신을 평균적인 사람으로 보고 있으니 그다지 기분 나쁘게 들리지는 않을 것이다. 문제는 그런 평균적인 사람이 너무 많다는 데에 있다.

주식을 사라는 유혹에 넘어갈 수 있는 사람들이 거의 모두 주식을 샀고, 따라서 팔려는 사람보다 사려는 사람이 많지 않게 될 때, 그런 경우에 주식이 택할 수 있는 유일한 길은 내리막길뿐이다.

그러나 논리적인 마음의 소유자라면, 당신은 주식 가격이 떨어져도 흥분하지 않는다. 지금 뒤를 돌아보면서, 당신은 그 주식의 가격이 계속 상승해 왔으니 주식의 실제 가치를 넘어선 것이 분명하다는 사실을, 그리고 그 주식의 가격이 떨어지는 것이 지금은 너무도 당연하다는 사실을 깨닫게 된다. 그러면서 당신은 하락은 단지 일시적인 현상일 뿐이라고 짐작할 것이다. 그러나 그 이후로도 매일 주식 가격은 큰 폭으로 떨어질 것이다. 이런 식으로 일주일 혹은 열흘 정도 계속 떨어지면, 당신은 주식 가격이 오를 때 하던 것과 똑같이 논리적인 추리를 되풀이할 것이다.

이제 당신은 가격이 무한정 떨어질 것 같다고 결정을 내릴 것이다. 그러나 당신이 주식을 파는 날엔 아마 주가가 바닥을 칠 것이다. 왜냐하면 주가 하락에 얼굴이 새파랗게 질려 그 주식을 팔겠다고 나서는 사람이 당신 혼자만이 아니기 때문이다. 당신은 평균적인 사람이기 때문에 단지 전형적인 모습을 보였을 뿐이다. 당신 외의 다른 사람들도 그 주식을 팔아치웠다. 이제 팔 주식이 없기 때문에, 그 주식의 가격은 더 이상 떨어지지 않게 된다.

거의 모든 인간들이 요일의 영향을 다소 받는다는 사실을 심리학자들은 잘 알고 있다. 사람들이 월요일에 세상에 대해 느끼는 감정은 수요일이나 토요일에 느끼는 감정과 같을 수 없다. 이 같은 현상은 주식을 사고파는 태도에도 영향을 미친다.

그게 사실이라면, 논리적으로 볼 때 다수의 사람들에게 월요일은 주식을 사는 날로 적절한 날이 아닐까? 사람들은 일요일에 교회에 나가서 거기서 영적 위안을 얻었다. 그래서 사람들의 내면에 행복하고 낙천적인 마음이 깃들게 되었을 것이다. 더욱이, 월요일은 새로운 한 주를 여는 날이지 않은가. 그래서 모든 사람이 큰 희망을 품고 월요일을 시작할 것이다.

그런 월요일에 주식을 산다면, 당신은 한 주가 하루하루 지나면서 얻게 될 힘을 나눠가질 준비를 미리 하는 셈이 될 것이다. 그렇다면 어떻든 주식을 살 뜻이 있는 사람들 대부분에겐 월요일에 사는 것이 가장 자연스럽지 않을까? 그러나 당신은 군중들보다 조금 더 약삭빠르다. 그래서 당신은 모든 사람이 주식을 사려 들면서 가격을 높일 때 주식을 파는 것이 더 신중한 태도가 아닐까 하고 스스로에게 물어본다.

주식을 월요일에 매도함으로써 군중을 따돌리겠다는 계산이 아주 논리적임에도 불구하고, **엄연한 사실은 장기적으로 보면 월요일은 한 주 중에서 주식을 파는 사람에게 최악의 날이고 주식을 사는 사람에게 최고의 날이라는 점이다.** 상승세가 이어지는 장에서는 월요일에도 값이 싼 주식을 발견할 확률이 높다.

3년에 걸쳐 통계학적으로 분석한 한 연구에 따르면, 소위 다우존스 목록에 오른 주식의 평균 가격은 그 사이 71번의 월요일 동안에 총 40달러 오르는 데 그쳤다. 그러나 77번의 월요일 동안에 떨어진 가격은 총 74달러였다. 달리 말하면, 다우존스 목록에 오른 주식이 3년이라는 비교적 긴 시간 동안에 월요일에 오른 가격의 평균은 하루에 겨우 56센트에 지나지 않았고, 떨어진 가격의 평균은 하루에 96센트였다는 뜻이다. **게다가 주가 하락이 다른 날보다 월요일에 더 자주 일어난 것으로 드러났다.** 1929년에 있었던 대폭락 중에서 최악의 날은 10월의 어느 화요일과 11월의 어느 수요일이었다. 그러나 이 최악의 기록들은 그 전 월요일에 시작된 매도가 절정을 이룬 결과였다.

투기나 도박을 즐기는 사람들도 대체로 행운을 안겨줄 것이란 생각에서 교회에 나가는데, 일요일에 교회에 나갔던 사람들은 아마 거기서 희망을 품게 만드는 말보다 침울한 말을 더 많이 들을 것이다. 논리를 무시하고 사실들만을 직시한다면, 목사들은 대체로 신자들을 고양시키기보다 내세의 공포를 강조하면서 신자들이 불길한 예감을 갖도록 했을 것이다. 달리 말하면, 목사들은 희망보다는 공포로 '죄인'들을 모으려고 노력한다는 뜻이다.

더욱이, 그날은 일요일이다. 주식 투기자도 사무실을 벗어나 집에 있고, 아내도 남편과 대화할 기회를 갖는 그런 날이다. 신문의 주식시세표를 어두운 시선으로 응시하고 있는 남편을 보면서, 아내는 "엘마, 내일 보면 안 돼요? 오늘은 걱정 끊어요."라며 나무란다. 아니면 대학에 다니는 빌과 메리가 용돈이 필요하다는 내용의 편지를 보내왔을 수도 있다. 또 그의 어머니가 아들에게 새 코트가 필요하다거나 난로를 바꿔야 한다는 사실을 알려주었을 수도 있다.

월요일 아침, 엘마는 사무실로 출근하는 길에 이런 것들을 어떻게 다 감당해야 하는지를 놓고 고민에 빠진다. 이에 대한 대답은 "주식을 처분해야겠어."라는 것이다. 그 결과 월요일에 나타나게 되는 것이 주식 가격의 하락이다.

논리적으로 보면 그런 일이 전혀 일어나지 않아야 할 것 같은데도 현실적으로 그런 일이 일어난다.

당신이 가진 주식 일부를 팔아야 한다는 판단이 설

때, 그때 가장 논리적인 방법은 값이 가파르게 오른 것부터 처분하고 아직 상승세를 타지 않은 주식을 갖고 있는 것이다. 가격이 가장 많이 오른 주식이 아마 떨어질 위험이 가장 큰 반면에 계속 보합세를 유지하고 있는 주식은 떨어질 확률이 낮다는 식으로 판단하는 것은 쉽게 이해가 될 것이다. 따라서 당신이 수익을 남길 주식을 팔고 다른 주식을 갖고 있으면, 가격 상승이 느린 주식의 가격까지 오르면 모든 주식으로 이익을 챙기게 될 것이라는 계산이 가능하다.

이런 식의 사고가 안고 있는 유일한 문제는 논리적이긴 하지만 종종 틀린다는 점이다. 가격이 오른 주식은 아마 나름의 장점이나 사업 확장 때문에 그랬을 것이다. 따라서 그런 주식이 상승세를 계속 이어갈 확률이 높은 종목이다. 마찬가지로, 거의 답보 상태에 있는 주식은 이미 가격이 충분히 높기 때문에 그럴 것이다.

특히 증거금을 추가로 맞추기 위해 어쩔 수 없이 주식을 팔아야 하는 상황이라면, 당신은 우량 주식을 팔고 불량 주식을 안고 있을 확률이 높다. 그러면서 당신은 혼자 이렇게 생각할 것이다. "이익을 남긴 것부터 먼저 처분하고 다른 주식은 이익을 낼 때까지 갖고 있어야지." 논리적으로 결론을 내리는 능력이 탁월한 탓에, 당신은 자신에게 이익을 안겨주거나 곤경에서 빠져나올 길을 열어줄 확률이 높은 주식을 팔고 엉뚱하게도 가격이 상승할 가능성보다 떨어질 가능성이 더 큰 종목을 계속 갖고 있게 된다. 그러다 보면, 당신은 결과적으로 자신이 만성적인 병약자들을 돌보고 있다는 사실을 깨닫게 될 것이다.

한 주에 15달러 하는 주식을 100주 가진, 경험이 많지 않은 투기자는 혼자 이렇게 생각할 수 있다. "주식이 휴지가 된다 해도 1,500달러밖에 잃지 않아." 논리적으로 충분히 맞는 말이다. 그러나 **15달러에 거래되는 주식을 100주 갖고 있는 것보다 150달러에 거래되는 주식을 10주 갖고 있는 것이 훨씬 더 안전하다.** 15달러에 거래되는 주식이 하루 사이에 10달러로 떨어질 가능성은 150달러에 거래되는 주식이 100달러로 떨어질 가능성보다 훨씬 더 크다.

가격이 높게 형성된 주식이 훨씬 더 많은 강점을 갖고 있다는 사실은 차치하더라도, 가격이 낮은 주식은 특히 자금이 많지 않은 사람들이 소유하고 있을 가능성이 크기 때문에 위험하다. 그런 투자자들이라면 조금이라도 힘든 상황에 처하게 되면 쉽게 경악하면서 최소한의 돈이라도 건지기 위해 주식을 팔지 않을 수 없을 것이다.

또 다른 논리적인 결론은 배당을 많이 지급하는 주식이 배당을 적게 지급하는 주식보다 가격이 떨어질 확률이 낮다는 것이다. 투자자라면 당연히 자신에게 수익을 많이 안겨줄 주식을 선호해야 하는 것이 아닌가?

그러나 지난 몇 년 동안에 불마켓이 형성된 시기를 보면, 일시적 침체기에 가장 선전한 주식은 배당을 작게 하는 주식이었다는 사실이 확인될 것이다. 당장의 배당보다 미래의 평가를 위해 주식을 소유할 수 있을 만큼 자금력이 풍부한 사람들, 그러니까 실제로 보면 소득세율이 높은 시기에 적은 배당을 더 선호하는 사람들이야말로 불황에도 겁을 먹지 않고 상황이 다시 좋아질 때까지 주식을 팔지 않고 기다릴 수 있는 유일한 사람들이다.

이 모든 예들은 주식시장에서 논리적으로 사고하는 것이 치명적이라는 사실을 잘 보여주고 있다. 그러다 보니 아마 당신은 가장 현명한 방법은 주식에 대해 당신보다 더 많이 아는 사람들의 조언을 따르는 것이 최고라고 결론을 내릴 수 있을 것이다.

당신의 주식 중개인이라면 당연히 주식에 대해 더 많이 알고 있을 게 틀림없지 않을까. 늘 주식을 다루는 사람이 바로 주식 중개인이니 말이다. 주식을 다루는 것이 그의 일이지 않은가. **그럼에도 나의 경험에 따르면, 주식 중개인의 시황 보고서나 구두 조언을 따르는 것은 구빈원(救貧院)으로 직행하는 길이다.**

우선 주식 중개인은 성격상 주식 가격의 등락을 과학적으로 연구하는 학생이 되기 어렵다. 단지 매순간 재치를 무기로 살아가며 표면적 징후만을 따르는, 당신과 다를 게 하나도 없는 한 사람의 동료에 지나지 않을 가능성이 훨씬 더 크다.

주식 중개인은 대체로 정중하고, 예의 바를 뿐만 아니라 약삭빠르기도 하며, 똑같이 매력적인 직원을 고르는 안목을 갖고 있다. 그러나 주식 중개인은 사소한 디테일을 지나치게 많이 알고 있다 보니 보다 넓은 차원에서 주식시장이 어떻게 돌아가는지를 파악하는 능력이 떨어진다.

주식 중개인은 종종 고객 자체를 연구하는 데 너무 많은 시간을 빼앗기는 탓에 주식을 연구할 시간을 충분히 갖지 못한다. 신뢰할 만한 사람이라면, 평균적인 주식 중개인은 자신이 교훈을 얻기까지 잃은 돈에 얽힌 쓰라린 경험을 당신에게 들려줄 수 있을 것이다.

뉴욕의 어느 주식 중개인의 사무실에 근무하던 잘생긴 젊은이 2명과 가깝게 지낸 기억이 난다. 둘 다 매력적인 성격의 소유자들이었다. 그들은 뚜렷하게 맡은 직무가 없는 것처럼 보였으나 고객들의 상담에 곧잘 응하며 투자자들 사이에 증권 판매원으로 통했다.

나는 이 젊은이들이 한때 상당한 유산을 물려받았으나 주식에 손을 댔다가 다 날렸다는 사실을 우연히 알게 되었다. 그래서 그들은 일을 하지 않을 수 없는 처지로 내몰렸으며, 이를 딱하게 여긴 그들의 주식 중개인이 일자리를 주었다. 따라서 자신의 재산을 제대로 관리하지 못했던 사람들이 다른 사람들에게 투자하는 방법에 대해 조언하고 있었던 셈이다.

내가 잘 아는 한 통계학자는 몇 년 전에 15개의 주식 중개인 사무실을 돌아다니며 발품을 팔아 고객 우편 목록에 자신의 이름을 올렸다. 그런 다음에 그는 그때부터 몇 년 동안 주식 중개인 사무실에서 오는 시황 보고서에 담긴 조언을 주의 깊게 기록했다. 그는 이 조언에 등급을 매기는 체계적인 시스템을 고안했다. 어떤 주식 중개인이 고객들에게 주식을 사라고 조심스럽게 권하면, 그날 이 중개인이 받은 등급은 +1이었다. 보다 강하게 주식을 살 것을 권하면, 그 중개인의 등급은 +2 였다. 주식을 사라는 조언이 아주 강력하면, 등급은 +3 이었다. 마찬가지로, 팔라는 조언에 대해서도 그 강도에 따라서 -1, -2, -3의 등급이 매겨졌다. 이 통계학자는 매주 주식 중개인의 조언에 매긴 등급의 평균을 내서 실제로 시장에서 일어난 상황과 비교했다. 그런 식으로 통계학적으로 접근한 결과, 그는 다음과 같은 놀라운 발견을 끌어낼 수 있었다.

15명의 주식 중개인이 내놓은 조언의 평균이 +1.5일 때, 달리 말해 주식 중개인이 주식을 구입하라는 조언을 조금 강하게 표현할 때, 그때 시장 상황을 실제로 보면 열 번 중 아홉 번은 주식을 사야 할 때가 아니고 팔아야 할 때였다. 주식 가격이 정점을 찍고 있었던 것이다.

그러나 주식 가격이 바닥을 찍어서 모든 사람이 주식을 사고 있어야 할 때, 주식 중개인들이 받은 평균 등급은 -1.5였다. 즉 **주식 가격이 가장 낮은 시점에 이르러서야, 주식 중개인은 주식 가격이 오르지 않을 것이라는 점**

을 인정하기 시작했다는 뜻이다.

또 다른 통계학자도 50개의 주식 중개인 사무실에서 보내오는 시황 보고서를 대상으로 비슷한 연구를 실시했다. 몇 년 동안 연구한 결과, 시황 보고는 전체 시기의 3분의 2 정도 동안에 주식을 구입하라는 조언을 내놓은 것으로 확인되었다. 신문사의 주식시장 담당 기자들도 마찬가지로 자신이 대부분의 시간 동안에 시장에 대해 낙관적인 관점을 갖지 않으면 일자리를 지키지 못할 것이라는 이야기를 나에게 들려주었다.

설령 어느 주식 중개인이 주식의 동향에 대해 건전한 결론을 내릴 수 있다고 하더라도, 실제로 그가 그렇게 할 수 있는지는 여전히 의문이다. 왜냐하면 그 사람이 자신의 편향 때문에 방해를 지나치게 많이 받을 수 있기 때문이다.

주식 중개인은 손실을 만회해 주기를 간절히 바라는 고객들을 수백 명씩 두고 있다. 그의 친한 친구들도 주식시장에 투자를 해놓고 있으며, 그 중에는 그의 조언을 받아들인 결과 손해를 보고 있는 사람도 있다. 그런 상황에서 주식 중개인은 주식시장이 하향하고 있다는 생각을 감히 하지 못할 것이다.

언젠가 어느 유능한 주식 중개인에게 예측이 빗나갈 걸 뻔히 알면서도 고객들에게 조언을 담은 인쇄물을 굳이 돌리는 이유가 뭐냐고 물은 적이 있다. 이 주식 중개인은 나의 물음에 솔직하게 대답해주었다.

"경제가 계속 살아 돌아가도록 만들 필요가 있기 때문이다. 인간은 원래 결정을 내리는 일에 워낙 느리다. 그러나 사람들은 주식 중개인이 하는 말을 읽음으로써 약간만 자극을 받아도 곧잘 주식을 팔거나 산다. 그런 자극을 주지 않으면, 사람들은 아무것도 하지 않을 것이다."

그래도 훌륭한 주식 중개인과의 우정이 도움이 되지 않을까? 주식 중개인은 적어도 다른 투기자들이 무엇을 하고 있는지를 볼 수 있는 위치에 있고, 또 소중하고 비밀스런 정보를 제공할 수도 있다. 충분히 맞는 말이다. 그러나 거기에도 위험이 있다.

만약에 당신이 주식 중개인과 서로 속내를 털어놓을 정도로 친하다면, 그 중개인은 아마 당신의 계좌를 늘 들여다보게 될 것이다. 주식 중개인은 당신이 무엇을 하고 있는지를 정확히 알고 있고, 당신도 그가 당신이 하고 있는 것을 알고 있다는 사실을 잘 알고 있다. 따라서 당신이 간혹 그의 조언과 정반대로 행동하며 당신의 판단을 밀고 나가다가 혹시라도 실수를 저지르게 될 경우에 당신은 어쩔 수 없이 완강해지면서 자신의 선택에 끝까지 매달릴 위험이 있다. 당신의 허영심이 작동하면서 당신이 잘못을 깨닫고 있다는 사실을 주식 중개인이 알게 하고 싶어 하지 않기 때문에 그런 현상이 일어나게 된다.

주식 중개인에게 실수를 인정한다는 것은 곧 당신이 주식 투자에는 적절하지 못하다는 점을 인정하는 것이나 마찬가지일 것이다. 당신은 그 같은 사실을 인정하고 싶어 하지 않는다. 적어도 당신의 주식 중개인에게만은 그걸 비밀로 하고 싶어진다. 주식 중개인과 아주 친하게 지낸다면, 당신은 그가 당신을 금융의 마법사로 생각해주길 바랄 것이다. 그러니 주식 중개인과 골프를 함께 치고 다닐 만큼 지나치게 친하게 지내지 않도록 조심하라.

주식 중개인의 감정을 상하게 하지 않으면서 중개인의 조언과 정반대로 주식을 사거나 팔기 위해서 주식 중개인 사무실 두 곳에 계좌를 갖고 있는 사람도 있다. 어떤 사람은 나에게 이런 이야기를 들려주었다. "주식 중개인이 나에게 어떤 종목을 사야 한다는 식으로 귀뜸할 때마다, 나는 그가 다양한 고객들의 행동에 무의식적으로 영향을 받고 있다는 사실을 잘 알고 있다. 그런데 이 고객들의 행동 대부분이 엉터리이지 않은가. 그래서 나는 주식을 거래하는 횟수의 반 정도를 중개인의 조언과 반대로 한다. 이런 경우에는 다른 중개인을 통함으로써 내가 조언을 무시했다는 사실을 중개인이 모르도록 한다."

만약에 주식 중개인들이 주식에 대해 올바른 정보를 줄 수 없는 입장이라면, 조언을 해줄 수 있는 다른 사람을 찾는 것이 가장 합리적일 것이다. 투기를 성공적으로 한 경력이 있는 사람이라면 좋을 것이다. 신뢰할 만한 정보를 갖고 있고 또 그런 정보를 진정으로 전하려는 뜻을 가진 친구라면 더욱더 좋을 것이다.

그러나 실제로 보면 그런 친구의 조언조차도 쓸모없을 것이다. 투기를 성공적으로 할 능력을 가진 사람이라면 아마 자존심이 강해서 다른 사람을 궁지로 몰아넣기를 바라지 않을 것이다. 그는 자신이라면 감수할 수 있는 위험도 타인에게는 감히 권하지 못할 것이다.

나는 그런 사람을 한 사람 알고 있다. 아니, 상당히 깊이 알고 있다는 표현이 맞겠다. 그는 일이 년 전에 주식 시장에서 꽤 큰돈을 벌었다. 이에 자극받아 대여섯 명의 친구도 그의 조언을 바탕으로 투기를 시작했다. 그러나 그 사람 본인은 돈을 벌었는데도, 친구들은 모두 돈을 잃었다. 그래도 그의 의도만은 아주 좋았다. 정말로, 그의 친구들은 돈을 많이 잃지는 않았다. 그는 친구들이 돈을 잃고 자신을 원망하게 될까 두려워 친구들에게는 오직 보수적이고 안전한 주식만을 사도록 권했다. 실제로, 그 주식은 지나치게 안전했기 때문에 어느 쪽으로도 큰 변동을 보이지 않았으며 따라서 투기자들에게 큰 이익을 안겨주지 않았다. 결과적으로 그 주식들은 투기자들로부터 외면 당했고 가격이 약간 떨어졌다. 달리 말하면, 그의 친구들은 많은 돈을 잃지 않기 위한 보험료로 약간의 돈을 지불한 셈이었다.

이렇듯, 주식 중개인도 주식에 대해 많은 것을 알지 못하고 또 성공적인 투기자조차도 이익을 남길 수 있는 조언을 하지 못한다. 그렇기 때문에 유일하게 논리적인 방법은 성공하는 기업체의 대표를 찾아가서 그 산업의 현황과 그 기업의 주식의 전망에 대한 정보를 요구하는 것이다.

물론 수원(水源)이랄 수 있는 회사의 대표로부터 정보를 얻을 수 있고, 또 그 정보는 크게 틀리지 않을 수 있다. 그럼에도 그 정보도 거의 틀림없이 틀릴 것이다. 왜냐하면 그 대표도 자기 회사의 주식에 대해 편향된 시각을 갖고 있을 것이기 때문이다. 어머니가 자기 자식에 대해 편향된 의견을 갖게 되는 것이나 마찬가지인 것이다.

아마 그 대표는 자신과 동업자에게 대단히 큰 이익을 안겨줄 수 있는 신주 발행을 염두에 두고 있는 까닭에 자기 회사의 주식에 대해 열정적으로 말할 수도 있을 것이다. 그의 이기심이 그로 하여금 자신의 주식에 대해 높이 평가하도록 할 수 있는 것이다.

그러나 다른 한편으로 보면 그가 자신의 지분 대부분을 얼마 전에 처분했기에 자기 회사의 주식의 미래에 대해 어둡게 볼 수도 있다. 그가 낮은 가격으로 주식을 다시 사기를 바랄 수도 있는 것이다. 그런 경우에 그 뜻을 이룰 수 있는 유일한 길은 자사 주식의 미래에 대해 낙관적인 견해를 보이지 않고 다소 음울한 견해를 보이는 것이다. 말하자면, 그 사람 자체는 충분히 정직할 수 있지만 그의 관점이 개인적 편견 때문에 왜곡될 수 있다는 뜻이다.

더욱이, 그의 진술이 아무리 진실하다 하더라도 거기엔 언제든 당신을 엉뚱한 길로 이끌 수 있는 위험 요소가 숨어 있다. 왜냐하면 대중이 그의 주식을 구입할 분위기가 무르익지 않은 때에 당신이 그 주식을 사게 할 위험이 있기 때문이다. 사려는 사람보다 팔려는 사람이 많을 때에는 아무리 좋은 주식이라도 값이 떨어지게 되어 있다.

거의 언제나 성공을 거두는 전문적인 주식 투자자로부터 내부 정보에 대한 힌트를 들을 때가 간혹 있다. 그 정보가 거의 틀림없이 엉터리라는 사실을 무시한다면, 그런 경우에 그 정보에 따라 행동하는 것이 논리적일 수 있다. **그러나 전문적인 어떤 투자자가 대규모로 주식을 사들이고 있다는 소문이 들릴 때, 실제로는 그 사람이 주식을 팔고 있을 가능성도 있다.** 만약에 그 사람이 주식을 사들이고 있었다면, 그럴 경우에 그는 자신의 행위에 대해 아무런 말을 하지 않을 것이다. 이는 말(馬)을 유리한 가격에 사길 원하는 사람이라면 그 말을 탐내고 있다는 뜻을 절대로 겉으로 표현하지 않는 것이나 마찬가지이다.

이쯤 되면 자신의 판단을 따르는 것이 가장 합리적이고 논리적인 것처럼 보이지 않는가? 그러나 우리 자신의 판단도 당연히 경중을 따지고 해석해야 하는 온갖 종류의 정보들을 바탕으로 하고 있다. 그 정보에는 아마 신문에서 얻은 정보도 포함될 것이다.

간혹 신문 1면을 보면 주식시장이 활황을 이루고 있고 또 모든 상황이 주식 가격이 더 올라갈 것이라는 점을 예측하게 한다는 내용의 기사가 보일 것이다. 이 뉴스는 너무나 중요하기에 경제면에 얌전히 앉아 있지 못하고 1면으로 튀어나오게 되었다. 논리적으로 생각하면 틀림없이 주식을 사야할 때이다.

그런데 실제로도 그럴까? 깊이 생각해보면, **주식 관련 뉴스가 1면에 게재된 것은 주식 가격만 아니라 주식을 거래하는 규모까지 예외적이기 때문이다. 당신이 주식을 구입할 때, 다른 투기자들은 이미 주식을 다 구입한 뒤일 것이다.** 그런 경우에 누가 당신의 주식을 사겠다고 나서겠는가?

주식을 구입한 직후 주식 가격이 떨어질 기미가 보이면 흔히 공매도(空賣渡)로 알려진 것을 이용해 피해를 만회할 수 있는데, 당신이 그렇게 하지 않는 이유는 무엇인가? 달리 말하면, 나중에 주식을 더 낮은 가격에 구입해서 매도 계약을 이행하겠다는 전제 하에서, 당신이 사지도 않은 주식을 파는 방법을 택하지 않는 이유는 무엇인가? **이런 거래에 따르는 위험은 당신이 시장의 약세를 예상하고 공매도를 결정할 시점에는 이미 약세장이라는 것이 시장의 다른 모든 사람들에게도 뚜렷이 보인다는 점이다.** 당신이 그때서야 공매도를 결정하게 되는 이유도 물론 당신의 행동이 너무 논리적이기 때문이다. 다른 많은 사람들도 공매도한 주식을 의무적으로 내놓아야 하는 상황에 처한다면, 모두가 신경을 곤두세우면서 그 주식을 사려고 혈안이 될 것이다. 따라서 얼마 전에 떨어지는 가격에 팔렸던 주식에 대한 수요가 갑작스럽게 일시적으로 생기게 된다. 모두가 한꺼번에 사려 드는 상황에서는 해당 주식의 가격이 오르게 되어 있다. 그러면 시장에 랠리라 불리는 현상이 나타나며, 그렇게 되면 갖지 않은 주식을 팔았던 많은 사람들이 이젠 불리한 가격에 주식을 구입하지 않을 수 없게 된다.

많은 투기자들은 대박을 터뜨려줄 하나의 주식을 고르는 것이 어렵다고 판단하고 대신에 여러 종목의 주식을 사면 그 중 하나는 맞겠지 하는 생각에 다양한 주식을 산다. 그러나 이 목록 안에는 아주 나쁜 달걀로 확인될 주식이 포함되어 있을 수 있다. 그런 경우에 비논리적인 일이 일어난다.

우량 주식은 불량 주식을 돕지 못하는데 반해, 불량 주식은 사과 상자에 든 썩은 사과처럼 나머지 주식을 모두 오염시킬 수 있다. 어느 한 주식에서 손해를 입으면, 당신은 대체로 다른 주식을 갖고 있음으로써 그 손실을 보상하려고 노력하게 된다. 이런 경우에 이 다른 주식을 합리적으로 기대할 수 있는 이익을 챙길 시기를 넘기면서까지 갖고 있게 된다. 가격이 좋을 때 주식을 팔아서 이익을 실현시키는 것이 바람직한데도, 당신은 이 주식을 지나치게 오래 갖고 있다가 결국엔 손해를 보고 던져야 하는 상황으로 내몰릴 수 있다.

주식시장에서 일어나는 또 다른 비논리적인 일은 어떤 사람이 어떤 주식에, 예를 들어 틀림없이 30달러 이상 오를 것이라고 강하게 믿으면서 투자할 때보다 그런 믿음이 덜 강한 가운데 투자했을 때의 결과가 오히려 더 낫다는 사실이다. 이미 지적한 바와 같이, 확신이 지나치게 강한 사람은 믿으려 드는 의지에 희생될 확률이 더 높다.

주식시장에 관한 것들 중에서 논리적으로 사고하는 사람에게 가장 충격적인 것은 일반적으로 상승세가 이어지는 시장에서도 그 사람이 가진 주식들이 앞 장에서 논의한 바와 같이 돈을 잃을 수도 있다는 사실이다. 논리적으로 사고하는 사람은 자연히 보수적이고 조심스러울 것이기 때문에 처음에 소심한 태도를 보이면서 상승세가 나타날 때 주식을 구입했다가 시장이 동력을 얻는 것을 지켜보면서 주식을 추가로 더 산다. 그런데 주식시장은 상승세를 유지하는 동안에도 수시로 가격 하락을 겪는다. 이런 때의 가격 하락은 주식을 아주 조금 소유한 사람에게는 위험하지 않다. 그러나 주식 보유량을 꾸준히 늘리고 있는 사람에겐 몇 포인트의 일시적 하락도 그 사람의 자금을 크게 갉아먹기에 충분하다.

숫자를 갖고 조금만 생각해보아도 어떻게 그런 일이 벌어질 수 있는지 금방 이해가 된다. 만약에 자금이 적은 사람이 낮은 가격에 산 주식 10주를 갖고 있는데 그 이후에 주식을 더 이상 사지 않았다면, 그 주식의 가격이 1달러 떨어질 경우에 전체 피해액은 10달러에 지나지 않는다. 그러나 만약에 이 사람이 작은 투자로 얻은 수익을 재투자해 다양한 주식을 200주 갖게 되었다면, 이 주식들의 평균 가격이 1달러만 떨어져도 이 사람은 200달러의 피해를 입게 된다.

주식이 오전에 시장이 열릴 때 강세를 보이면 그날 내내 강세를 보일 것이라고 기대할 수도 있다. 논리적으로 충분히 가능한 생각이다. 그렇다면 시장이 열릴 때 주식을 사서 한두 시간 뒤에 이익을 남기고 팔 수도 있을 것이다. 그러나 뉴욕 시간으로 10시를 10분 정도 넘기면 시장이 개장할 때와 반대 방향으로 돌아서는 경우가 자주 있다. 이런 현상이 나타나는 이유는 그 전날 밤에 있었던 매도나 매수 주문을 처리하는 데 10분 내지 15분의 시간이 걸리기 때문이다. 간밤의 주문이 처리되고 나면, 시장은 당시의 경제 상황에 따라 움직이게 된다.

마찬가지로, 사람들의 에너지가 하루 중 최고조에 달하고 가격이 높게 형성될 것으로 기대되는 정오에 오히려 하루 중에서 가격이 가장 낮게 형성될 가능성이 있다. 왜냐하면 많은 플로어 트레이더(증권거래소의 회원)가 12시에서 1시 사이에 점심을 먹으러 가면서 주식을 처분하고 갈 가능성이 크기 때문이다.

여러 가지 이유로, 사람들이 야외의 태양 아래에서 시간을 많이 보내면서 삶을 더욱 낙관적으로 보게 되는 시기인 한여름에 주가가 강세를 보일 것으로 생각된다. 그러나 지난 20년 동안 시장 동향을 연구한 보고서에 따르면, 8월 초에 우량 주식을 다양하게 사서 9월 말이나 10월 초에 팔 경우에 손실보다 수익을 올릴 확률이 더 높은 것으로 나타났다. 8월이 휴가철이라는 사실을 떠올리기 전까지는 이 같은 현상이 비논리적인 것처럼 보일 것이다.

휴가를 떠나려는 사람은 주식시장 따위에는 신경을 쓰지 않는다. 그런 사람은 걱정에서 자유롭기를 원할 뿐만 아니라 지친 상태에서 휴식을 필요로 하는 터라 경제 전망도 그리 밝게 보이지 않기 때문에 자신이 가진 주식을 시장이 제시하는 가격에 팔려고 할 것이다. 그러나 한 달 뒤에 휴가를 끝내고 편안하고 낙관적인 마음을 새로 얻은 상태에서 돌아오게 될 때, 그 사람은 경제가 붐을 이룰 것이라는 믿음을 더 강하게 품으면서 주가가 오를 것이라는 기대에 주식을 살 것이다.

짐작건대 크리스마스 시즌이 되면 사람들이 온갖 선

한 생각을 다 품고 또 선물 구매 등이 경제에 활기를 불어넣을 것으로 여겨지기 때문에, 주식시장도 상승세를 탈 것이라고 생각하는 것이 합리적이다. 그럼에도 통계는 12월 13일과 18일 사이에 일시적으로 주식시장에 슬럼프가 나타난다는 사실을 보여준다. 이에 대한 설명은 틀림없이 백화점의 공격적인 경영자들과 다른 상인들이 예수 탄생을 축하하여 소비자들이 선물을 사도록 총력전을 벌이는 탓에 이 시기에 현금이 필요한 사람이 늘어나기 때문이라는 것이다. **황소들(bull)은 추수감사절을 알아보고 곰들(bear)은 크리스마스를 알아본다는 말이 있다.**

대공황을 촉발시킨 주가 대폭락의 끝이 보일 즈음인 1929년 11월에 나의 친구가 내놓은 논리적인 추론이 생각난다. 그는 어떤 주식이 매도 홍수에도 꿋꿋이 버티며 대재앙 전의 가격에서 겨우 몇 달러 떨어진 가격을 유지하는 것을 눈여겨보았다.

이 주식에 대해 그는 이런 식으로 해석했다. "그 정도로 버틸 수 있는 주식이라면 초우량 주식임에 틀림없어. 며칠 뒤 매도 광기가 끝나기만 하면 이 주식은 가장 먼저 급격히 오르는 주식이 될 거야."

그 주식이 우량 주식이라는 그의 분석은 맞았다. 그러나 마침내 상승세가 시작되었을 때, 그 주식은 대폭락 기간의 그 어느 날보다 더 큰 하락을 보였다. 그때 아마 이 주식을 둘러싸고 이런 일이 벌어지고 있었을 것이다. 그때까지도 이 주식으로 이익을 챙길 수 있었던 많은 사람들이 값이 떨어진 다른 주식을 살 돈을 마련하기 위해 한꺼번에 주식을 팔기로 작정했을 것이다. 더욱이, 그 주식이 정말로 양호하고 또 주가 하락에도 완강하게 버티는 모습을 보였기 때문에 어느 누구도 그것을 "공매도"하려 들지도 않았다. 따라서 그 주식의 가격이 오르도록 떠받쳐줄 매수 주문이 전혀 없었던 것이다.

논리적인 마인드를 가진 사람이라면 자신의 감각을 좀처럼 믿으려 하지 않을 것이다. 그가 보는 거의 모든 것들이 진실이 아닌 것으로 드러나기 때문이다.

월스트리트를 공황 상태에 빠뜨린 1929년 10월의 그 치명적인 화요일에 이은 일요일, 미국 전역의 신문들은 1면에 월요일 아침 주식시장에 매수 주문이 홍수처럼 폭주할 것이라는 식의 제목을 실었다. 신문 기자들이 뉴욕의 주식 중개인들을 대상으로 설문조사한 바에 따르면, 이미 몹시 지친 거래소 직원들이 값싼 주식을 노리는 투기자들의 매수 주문을 제대로 처리하지 못할 것으로 예상되었다. 이 같은 매수 주문에 주식 가격이 올라가지 않을 수 있겠는가? 그럼에도 주식 가격은 월요일 주식시장이 문을 열 때부터 시작해 문을 닫을 때까지 하루 종일 내리막이었다. **매수 주문에 관한 신문 기사가 하루 전이나 이틀 전에 주식을 산 똑똑한 사람들에게 주식을 팔 좋은 기회라는 신호탄이 되었던 것이다.** 이렇듯 논리적으로 사고하는 것은 치명적이지는 않다 하더라도 아주 위험한 일이다.

그렇다면 주식시장에 투자하려는 사람은 어떻게 해야 하는가? 어떤 계획을 따르더라도, 그것이 엉터리일 가능성이 크다는 사실이 확인되고 있다. 그럼에도 불구하고 우리는 어떤 사람은 주식시장에서 성공적으로 투기를 하고 있다는 사실을 잘 알고 있다. 그 사람들은 도대체 어떻게 하는 것일까? 그들은 어떤 계획을 따르는 것일까?

지금쯤은 유일하게 안전한 방법은 비논리적으로 생각하는 것이라는 사실이 확실히 느껴져야 한다. **논리적인 사람이라면, 당신은 단순히 다른 사람들이 모두 하고**

있는 것을 그대로 하고 있다. 그렇게 해서는 절대로 돈을 벌지 못한다. 사람들이 서로의 옷을 빨아주는 일로는 이 세상에서 절대로 앞서 나가지 못하는 것과 똑같은 이치이다. 당신이 다른 대다수의 사람들보다 한 수 위여야만 주식시장에서 돈을 벌 수 있다. 그 사람들과 똑같은 계획을 따라서는 절대로 돈을 벌지 못한다. 다음 장에서는 앞의 질문에 대한 대답이 있는지, 대답이 있다면 그것이 무엇인지를 알아볼 것이다.

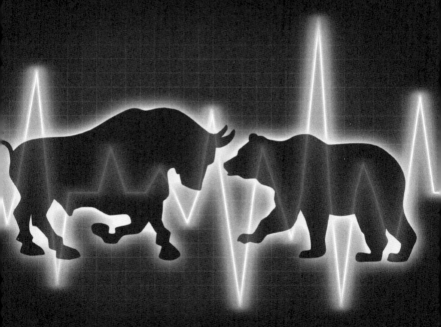

6장
—

거기,
투자 집단이 끼어 있어!

주식시장에서 투자 집단이 성공을 거둘 확률은 대개
그 비밀성에 좌우된다. 그럼에도 거의 모든 사람들, 특
히 주식 중개인 사무실의 당신 옆에 앉은 사람은 스스
로 나서서 어떤 투자 집단이 무슨 주식을 사고 있거나
팔고 있는지를 당신에게 말해줄 것이다. 정말로, 투자
집단에 속한 사람이 아닌 다른 사람이 그런 엄청난 허
위 정보들을 과연 퍼뜨리려 할 것인지 의문이 들 정도
이다. 아무리 아는 게 없는 투자자라도 마음만 먹으면
언제든 쉽게 접할 수 있는 그런 허위 정보를 말이다.

이 투자 집단 혹은 저 투자 집단의 구체적인 계획에

관한 신뢰할 수 없는 소문들이 대단히 많이 떠돌고 있는 것 외에도, 투자 집단의 기적 같은 파워와 관련하여 널리 퍼져 있는 신화가 하나 있다. 아마추어 투기자들의 마음에 모든 투자 집단은 놀라울 정도로 탁월한 예측 능력을 갖추고 있고 또 주식 가격을 마음대로 조정할 수 있는 마법의 지팡이 같은 것을 갖고 있는 것으로 각인되어 있다.

한 투기자가 다른 투기자에게 어떤 주식의 이름을 들먹이며 이렇게 속삭인다. "거기에 투자 집단이 끼어 있대. 30달러 정도 끌어올릴 거라는데. 그러니 지금이라도 빨리 올라타는 게 좋을 거야."

투자 집단이라는 말에 다른 투기자들도 귀를 쫑긋 세운다.

"지금 주식을 사모으고 있단 말이지?"라고 한 사람이 묻는다.

"그렇다니까. 그 주식은 언젠간 올라갈 거야."

이때 진실은 아마 이럴 것이다. 투자 집단이란 것이 실제로 존재한다면, 이 집단이 자신이 소유한 주식을 풀어놓을 목적으로 그 주식에 대해 그런 엉터리 정보를 흘리고 있었을 것이다.

투자 집단을 조직하고 운영하는 사람들은 절대로 100% 무오류를 자랑하지 않는다. 그들이 시장을 상대로 성공을 거둘 때, 그 집단이 언제나 특정 주식에 관한 내부 정보를 갖고 있어서 그러는 것은 아니다. 그보다는 그 투자 집단이 경험과 관찰을 통해서 군중 심리에 대해 일반적인 투기자들보다 더 많은 것을 배웠기 때문이다. **달리 말하면, 투자 집단은 주식시장의 수많은 사람들이 할 행동을 보다 정확히 예측하고 그들을 압도할 수 있다는 뜻이다.**

투자 집단의 약삭빠른 운영자들은 인간이란 존재는 천성적으로 싼 것을 찾아다니게 되어 있기 때문에 가격이 떨어질 때에 주식을 팔기가 아주 쉽다는 사실을 오래 전에 배웠다. 바로 이런 이유로 아마도 다수의 투자 집단은 가격이 올라갈 때보다 떨어지는 상황에서 대중에게 자신들의 주식을 팔 것이다. 달리 말하면, **대부분의 사람들은 싼 것에 대한 갈망 때문에 판단을 제대로 하지 못한다는 뜻이다.**

사람들은 어떤 주식이든 과거에 가장 높았던 가격을 기억하고 있다. 그러면서 그 주식도 틀림없이 가장 낮았던 가격이 있었다는 사실을 까마득히 잊어버린다. 흔히들 사람들은 어떤 주식의 가격이 어제보다 떨어지면 그 주식이 싸다고 생각할 것이다. 그러면서 내일은 오늘보다 더 쌀 수 있다는 가능성을 무시한다.

현명한 사람들은 어떤 주식이 엄격한 테스트를 다 거친 다음에 더 이상 떨어지지 않으려는 의지를 보일 때까지 그 주식을 사지 않는다. 그러나 우리 대부분은 참을성이 부족한 탓에 어떤 주식이 그런 의지를 보일 때까지 기다리지 못한다. 그래서 우리는 엉뚱하게도 투자 집단의 협력자가 되어 그들을 도와주고 만다.

예를 들어 보자. 어떤 주식이 주당 65달러에서 88달러로 올라가는 것이 보인다. 이 주식이 전날보다 조금씩 올라갈 때마다, 그 주식을 사야겠다는 마음이 점점 더 강해진다. 앞에서 이미 살폈듯이, **인간의 마음은 어떤 일이든 현재 일어나고 있는 일이 계속 일어날 것이라고 쉽게 단정하는 성향을 갖고 있다.** 따라서 우리는 상승세를 보이는 주식은 같은 방향으로 계속 움직일 것이라고 결정을 내린다. 투자 집단이 그 주식을 주당 100달러 이상으로 높일 계획이라는 소문도 우리가 이런 믿음을 갖도록 하는 데 큰 역할을 한다.

그 투자 집단은 일부러 그런 소문들이 떠돌아다니도

록 머리를 썼다. 주식의 가격이 더 올라갈 것이라는 인식이 널리 퍼지지 않는다면, 누가 그 주식을 사려 달려들겠는가?

그 주식이 100달러 이상에 팔릴 것이라고 믿는다면, 주식의 가격이 옛날의 최고 기록인 주당 88달러보다 크게 밑돌 경우에 정말로 가능한 한 빨리 주식을 사들여야 할 것처럼 보인다. 당신과 나만 아니라 다른 많은 사람들도 이런 식으로 생각할 것이다. "다시 85달러로 떨어지기만 하면, 그땐 무조건 살 거야." 그래서 우리는 소위 말하는 '무조건 주문'이라는 것을 넣는다. 주식 중개인에게 85달러에 최대한 많은 주식을 사달라고 부탁하는 것이다.

현재의 가격보다 약간 낮은 가격에 사 달라는 이 '무조건 주문'이 투자 집단의 운영자들이 노리고 있는 바로 그것이다. 왜냐하면 이 무조건 주문이 투자 집단이 팔 주식을 사들일 즉석 시장을 형성하기 때문이다. 낮은 가격은 값싼 주식을 찾고 있는 대중에게 매력적으로 보일 뿐만 아니라, 가격이 떨어진 만큼 더 많은 사람들이 그걸 구입할 수 있다. 이는 값비싼 자동차보다 값싼 자동차를 살 능력을 갖춘 사람이 더 많은 것과 똑같은 이치이다.

투자 집단은 갖고 있는 주식을 최고의 가격에 팔기를 원하지만 그것이 불가능하다는 사실을 잘 알고 있다. 그러기에 투자 집단의 운영자는 하향세일 때 주식을 팔면서도 별로 불만을 품지 않는다. 투자 집단이 받는 평균 가격이 지급한 돈보다 상당히 높기만 하면 그만인 것이다.

투자 집단은 아마 평균 30달러의 이익을 올리겠다는 의도를 품고 40달러 선에서 그 주식을 사기 시작했을 수 있다. 이 목표를 달성하려면, 투자 집단은 이 주식의 가격을 일시적으로 90달러까지 끌어올려야 할 것이다. 그러나 투자 집단은 그 가격에 많은 주식을 팔기를 바랄 수 없다는 사실을 잘 알고 있다. 그렇기 때문에 가격이 떨어지는 상황에서도 자신이 가진 주식을 지속적으로 팔 수 있을 정도만 되면 충분히 고맙다고 생각할 것이다. 그러다 보면 투자 집단은 대중이 드물게 좋은 조건의 거래라고 판단하는 선에서 마지막 주식을 팔게될 것이다. 그 선은 아마 70달러를 조금 웃도는 가격이될 것이다. 그 사이에, 투자 집단은 그 주식의 가격을 90달러까지 밀어올리기 위해, 120달러까지 오를 것이라는 식의 소문을 조직적으로 퍼뜨리게 된다.

일단의 사람들이 어떤 회사의 주식에 투자하기 위해 투자 집단을 형성할 때, 거기에 그 회사의 내부 정보를 미리 제공할 수 있는 사람이 포함될 가능성이 크다. 아마 이 내부자는 이사회의 구성원일 것이다. 이 사람은 자신의 회사의 영업 실적에 대해 대중보다 몇 주일 앞서 알 수 있을 것이다. 대중이 그런 좋은 뉴스가 곧 나올 것이라는 소리를 들을 즈음, 투자 집단이 그 주식을 사들이고 있다는 소문이 떠돈다. 물론 이 투자 집단에서 주도면밀하게 퍼뜨린 소문이다. 이때 투자 집단은 아마 자신이 원하는 양의 주식을 대부분 사들인 상태에서 단지 그 소문을 떠받칠 정도만 구입하고 있을 것이다. 말하자면 그 주식의 가격을 꾸준히 높게 유지하여 많은 사람들이 침을 흘리게 만든다는 뜻이다.

조직이 잘 된 투자 집단엔 아마 은행가가 끼어 있을 것이다. 정말이지, 은행가는 돈이 걸린 어떤 일에나 쓸모 있는 존재이다. 은행가는 돈이 있는 곳과 동원 가능한 돈의 규모를 잘 알 뿐만 아니라 막후를 들여다보며 다른 사람들은 어떤 주식을 갖고 있는지, 그들은 무엇을 사려 하고 있는지를 알아낼 수 있는 위치에 있다.

그러나 각 투자 집단에서 가장 중요한 존재는 뭐니 해도 역시 운영자이다. 주식을 사고 팔 시기와 양을 결정하는 사람이 가장 중요한 것이다. 운영자가 유능한 사람이라면, 그가 하는 일이 무엇이든 이것 하나만은 확실하다. 비밀을 엄격하게 지킬 것이라는 점이다. 만약에 투자 집단이 하는 행위에 관한 비밀이 새어나간다면, 그것은 대개 그런 정보를 널리 퍼뜨리는 것이 투자 집단의 목적과 부합하기 때문이다.

어떤 투자 집단이 어떤 주식을 사들일 것이라는 소문이 떠돈다면, 그때 상황은 이런 식으로 표현하는 것이 더 정확할 것이다. 그 투자 집단이 대중이 주식 가격을 떠받치도록 할 준비를 하고 있다고 말하는 것이 더 합당하다는 뜻이다. 투자 집단의 운영자가 할 수 있는 것은 대중이 자신이 원하는 대로 행동하도록 하기 위해 군중 심리에 관한 지식을 이용하는 것뿐이다.

투자 집단이 어떤 주식에 대한 대중의 관심을 자극해야 할 때가 되면, 투자 집단은 그 주식에 대한 광고를 시작한다. 상인이 신제품을 출시하면서 고객을 끌어들이길 원할 때 광고를 이용하는 것이나 다를 게 하나도 없다.

투자 집단의 운영자는 이 지구상에서 가장 위대한 광고 매체인 '티커 테이프', 즉 주가를 알리는 종이테이프를 이용한다. 티커 테이프가 일반적인 신문 광고보다 유리한 점은 주로 잠재적 고객, 즉 주가 변동에 신경을 많이 쓰는 사람들의 눈에 확실히 띄게 된다는 점이다. 그것은 타깃이 분명한 고급 광고이다.

게다가, 티커 테이프에 광고를 올리기만 하면, 그것은 그대로 신문의 경제면에 실리게 된다. 이렇게 되면 공짜로 엄청난 선전 효과를 누리게 된다. 물론 티커 테이프에 실제로 광고가 실리는 공간은 전혀 없다. 티커 테이프는 단지 'GM 4.38%' 식으로 가격 변동을 요약해 싣기만 한다.

그러나 투자 집단이 원하는 광고는 그게 전부다. 투자 집단의 구성원들은 자신들이 선호하는 주식이 티커 테이프를 통해서 가격 상승세를 보이면서 활발히 움직이기 시작할 때 미국 각지의 주식 중개인들이 즉시 그 같은 사실을 관찰하게 된다는 것을 잘 알고 있다.

간혹 투자 집단의 구성원들은 한 개 이상의 주식 중개인 사무실을 통해서 그 주식을 약간 더 높은 가격에 파는 문제를 놓고 협상을 벌인다. 그런데 이 매도는 실제로 보면 투자 집단의 구성원들 상호간에 이뤄지기 때문에 벌 것도 없고 잃을 것도 없다. 그러나 이 거래가 티커 테이프에 기록되는 것을 지켜보는 순진한 사람들은 탄성을 지르기 시작한다. "이것 좀 봐! 이 회사에 무슨 좋은 일이 벌어지고 있어. 거래가 엄청나게 많아. 오를 게 틀림없어."

그러면서 대중은 이런 식으로 추론한다. "저렇게 많은 양의 주식을 매수하는 사람들이라면 주가 상승이 임박했다는 내부 정보를 갖고 있을 것임에 틀림없어. 오르기 전에 사야겠어." (투자 집단이 누리는 큰 이점은 대중이 과거에 한 실수를 똑같이 다시 저지르게 할 수 있다는 사실에 있다.)

대중이 서로 밀치며 주식을 사려고 경쟁을 벌일 때, 그 주식의 가격은 자연히 올라가게 되어 있다. 그러면 투자 집단의 구성원들은 이제 자기들끼리의 거래를 중단하고 주식을 대중에게 판다. 그런 식으로 자신들이 소유한 주식을 가치 이상으로 높은 가격에 다 처분한 다음에, 그들은 대중이 빈 자루를 잡고 있을 때 만족한 미소를 지으며 조용히 걸어 나갈 것이다.

투자 집단의 구성원이 스스로 정보를 누설하면 어떻

게 되는가? 그런 일이 간혹 일어난다. 그런 경우엔, 신뢰를 저버린 사람과 그의 모든 추종자들에게 가혹한 처벌이 신속하게 내려진다. 만약에 그 사람이 친구들에게 단기 차익을 노려 어떤 주식을 사라고 했다면, 그런 경우엔 그 사람의 정보를 믿었던 모든 사람들이 그의 정보가 틀렸다는 확신을 품을 때까지 주가를 떨어뜨릴 것이다.

투자 집단의 운영자는 그런 정보 누설을 통해 이익을 얻을 것으로 기대했던 모든 사람들에게 결정적인 손실을 안기기 위해 가능한 모든 노력을 다 펼 것이다. 그러는 과정에 그 구성원은 금전적 손실을 입지 않는다 하더라도 적어도 그의 친구들의 눈에는 완전히 믿지 못할 인물로 낙인이 찍힐 것이기 때문에 엄청난 처벌을 피할 수 없게 된다.

그러면 이 대목에서 이런 궁금증이 생길 것 같다. 티커 테이프에 나타나는 주식 동향을 통해서, 투자 집단의 작전이 끝났는지 여부를 알 수 있는 방법이 있는가? 간혹 보면 그 증거가 꽤 명백하다. 주가가 크게 상승하는 가운데 주식 거래가 엄청난 규모로 이뤄질 때마다, 대략 어떤 주식의 전체 양 중에서 5분의 1 정도가 움직일 때마다, 이 거래량 중 상당 부분이 투자 집단이 자신의 주식을 풀기 위해 시장을 창출하려는 노력으로 보는 것이 합리적일 것이다. 그런 시기에 투기를 위해 그 주식을 산 개인은 즉시 팔아 넘겨야 한다.

아마추어 투자자들은 언제나 이 주식 혹은 저 주식이 아직 움직이지 않았다고 말하면서 그 주식이 조만간 꿈틀거리며 당연히 상승세를 타게 되어 있다는 식으로 단정한다. 정말이지, 아마추어 투자자들이 그런 식으로 자신 있게 말하는 모습을 지켜보고 있으면 마치 주식시장에서 거래되는 주식의 가격이 차례로 올라가게 하는 어떤 법칙이 있는 것처럼 보인다. 그런 아마추어 투자자들의 행태에 대한 진짜 설명은 이렇다. 주식시장에서든 다른 곳에서든 똑같이, 사람들은 누구나 자신이 일어나기를 바라는 일이 일어날 것이라고 기대한다는 것이다.

아마추어 투자자들은 대체로 팔 때보다 살 때 더 신속하게 움직인다. 이것은 전혀 놀라운 현상이 아니다. 모든 사람이 수익을 노리고 있다. 그렇기 때문에 사람들이 보다 높은 가격을 암시하는 첫 번째 신호를 주식을 사라는 신호로 재빨리 받아들이는 것은 어쩌면 너무나 당연하다. 그러기에 투자 집단이 자신들이 원하는 주식의 가격을 올리는 데 비교적 어려움을 겪지 않을 수 있는 것이다.

주식이 스스로 올라가는 것이 아니라 떼밀려 올라간다는 말이 있다. 아마 이 말이 맞을 것이다. 뉴욕주식시장에만 1,000종의 주식이 있는 상황에서, 투자 집단이 주의를 끌기 위해 나서지 않았다면 모든 사람들이 다른 주식도 많은데 하필 그 주식을 택해야 할 이유가 뭘까? 달리 말하면, 사람들이 비누도 광고하지 않는 것보다 광고하는 것을 선택하는데 광고하지 않는 주식을 선택해야 할 이유가 있을까? 여기서 나는 다음과 같은 사실을 강조해야 한다. 만약에 주식이 투자 집단에 의해 떠받쳐지고 있다면, 그것은 투자 집단들이 대중을 유혹하는 일종의 무언의 광고에 능하기 때문이다.

가격을 높이는 진짜 힘은 수많은 개미 투자자들의 매수에서 나온다. 당신과 나, 그리고 우리와 비슷한 나머지 모든 사람들이 주식의 가격을 떠받치는 사람들인 것이다. 우리 같은 존재들이 없다면, 어떠한 투자 집단도 힘을 발휘하지 못할 것이다.

각 투자 집단의 운영자도 똑같은 인간이기 때문에,

당연히 투자 집단도 개인의 특성을 보이게 되어 있다. 간혹 보면 투자 집단이 작동하는 방식에 개인의 특성이 드러난다. 투자 집단의 활동을 면밀히 관찰하는 약삭빠른 투기자들은 가끔 주식의 동향을 근거로 투자 집단의 운영자가 누구인지를 알 수 있다고 장담한다. 그 운영자가 투자 집단을 맡고 있으면서 작전을 벌일 때 어떤 주식이 움직이는 동향을 유심히 관찰하면서, 그런 투기자들은 현재의 주식이 앞으로 어떤 식으로 움직일 것인지를 예측하려고 노력한다. 만약에 그 추론이 믿을 만하다면, 그런 투기자들은 주식을 팔아야 할 때를 군중보다 앞서 정확히 알게 될 것이다.

현명한 많은 투자자들은 여러 달에 걸쳐 어떤 주식이 하루 단위로, 아니 시간 단위로 움직이는 행태를 그린 차트를 이용하여 주식시장과 게임을 벌인다. 이 차트에는 일일 거래량, 그리고 거래량과 가격 변동의 관계도 나타난다. 이런 차트들을 놓고 연구하면 투자 집단이 어떤 주식의 가격을 어느 선까지 떠받치고 있는지, 또 주식을 어느 정도 축적해놓고 있는지가 짐작된다.

라디오 코퍼레이션이라는 회사의 주식 동향을 그린 차트는 일부 관찰자들에게 이 회사의 주식이 100 포인트 이상 폭등하기 전에 주당 100달러 이상으로 두 번 팔리다가 다시 85달러 선으로 떨어졌지만 85달러 밑으로는 떨어지지 않는다는 점을 보여주었을 것이다. 그렇다면 투자 집단은 그 주식을 85달러 선에 지킬 준비가 되어 있었고 또 그 선에서 내놓으려는 대중의 주식을 사들일 준비가 되어 있었다는 뜻이다.

그 차트에 따르면, 라디오 코퍼레이션의 주식은 85달러나 그 근처에서 구입해야 하고, 그 가격에 주식을 구입한 사람은 몇 주 안에 돈을 배로 늘리게 되었을 것이다. 그러나 비슷한 수준의 가격이 떠받쳐지고 있다는 점을 보여주는 다른 회사의 주식 차트들은 사람들이 금방 크게 떨어질 주식을 구입하도록 유혹하는 역할을 할 수도 있다.

어떤 자동차 회사의 주식은 한때 몇 주일 동안 90달러와 100달러 사이에서 오르락내리락 하는 모습을 보였다. 이 주식은 91달러로 내려갈 때마다 마치 추가 하락엔 관심이 전혀 없다는 듯이 행동했다. 그러자 많은 사람들이 차트에 나타나는 동향을 보고 그 주식을 샀다. 그러다 이 주식이 하락을 멈추지 않는 그런 날이 오고야 말았다. 이 주식은 80달러 아래로까지 떨어졌다.

이어 그보다 더 밑으로 떨어졌다. 이렇게 되자 90달러 선에 주식을 구입한 사람들이 깜짝 놀라 큰 손실을 안고 주식을 내다 팔았다.

달리 말하면, 차트를 만들기는 쉬워도 차트에 담긴 이야기를 해석하는 일은 어렵다는 뜻이다. 차트를 이용한 경험이 많은 투자자들도 주식 매집(買集)과 분산을 구분하기가 결코 쉽지 않다고 실토한다. 투자 집단의 운영자는 자기 집단이 소유한 주식을 구입하는 것이 현명하게 보이도록 만들려고 노력할 것이다. 그건 물론 투자 집단이 팔고자 하는 주식을 구입할 시장을 창출하기 위한 것이다.

만약에 투자 집단의 운영자가 한결같이 어리석어서 대중이 그래프나 다른 가능한 수단을 이용해 운영자의 행동을 짐작하려고 노력하고 있다는 사실을 모르고 있다면, 그 투자 집단이 하고 있는 행동을 짐작하는 것도 쉬운 일일 것이다. 그러나 투자 집단의 운영자는 자신의 일거수일투족이 감시당하고 있다는 사실을 잘 알고 있기 때문에 당연히 자신의 흔적을 가리려고 노력하며 실제로 하고 있는 행동과 정반대로 행동하고 있는 것처럼 꾸미려고 노력할 것이다.

투자 집단의 똑똑한 운영자가 차트를 눈여겨 읽는 사람들을 속이는 한 예를 제시하고 싶다. 어쩌다 나는 어떤 주식을 놓고 투자 집단이 작전을 벌이고 있다는 사실을 알게 되었다. 이 주식은 몇 개월 동안 115달러에서 125달러 사이에서 등락을 거듭하고 있었다. 은행에서 대출을 받을 때 담보물로 이 주식을 자주 이용한 투자자들은 125달러의 평가에 만족하면서 일시적으로라도 지나치게 하락하는 것을 좋아하지 않았다. 그래서 그들은 전문적인 투자 집단의 운영자에게 도움을 청했다. 이 운영자는 주식의 가치를 상당히 높게 유지하는 데 성공하면서도 거의 비용을 들이지 않았다. 이 운영자가 한 것이라곤 그 주식이 120달러 밑으로 떨어질 때마다 구입해서 그보다 꽤 높이 올라갈 때 파는 것뿐이었다. 그는 매수 주문을 넣으면서도 전혀 아무런 위험을 감수하지 않았다. 왜냐하면 주식의 진짜 가치가 120달러를 넘었고, 약간의 상승이 있어도 주식을 처분함으로써 관계자들이 내놓은 작은 자금으로도 작업을 충분히 벌일 수 있었기 때문이다.

이런 식으로 몇 주일이 지나자, 차트를 관찰하던 사람들이 그 주식이 120달러 선에서 "거의 일직선을 그

113

린다"는 사실에 강한 인상을 받게 되었다. 사람들은 이 것을 의미 있는 것으로 받아들였다. 틀림없이 어떤 투자 집단이 대폭 상승을 노려 120달러 선에서 주식을 매집하고 있는 것처럼 보였던 것이다. 그런 계획에 관한 소문이 주식 중개인의 사무실까지 닿기 시작했으며, 그러자 대중은 이 주식을 사기 시작했다. 곧 주식은 대규모 투기자들을 만족시켰던 125달러를 뛰어넘어 130 달러가 되었다. 가격은 몇 개월 동안 그 선 밑으로 떨어지지 않았다. 이로써 투자 집단의 목적은 성취되었으며, 따라서 투자 집단의 작전은 중단되었다. 그 주식은 곧잘 남을 도우려 나서는 대중에 의해서 높은 가격을 유지하고 있었던 것이다.

투자 집단의 운영자는 자신이 소유한 주식의 즉시적 가능성이 사라졌다는 사실을 아는 바로 그 순간에도 자신의 주식이 더 훌륭하게 보이도록 만들 수 있다. 똑같이 중요한 것은 운영자가 주식 가격이 오르기 직전에 주식이 실제보다 더 나쁘게 보이도록 만들 수도 있다는 사실이다. 투자 집단이 더 많은 주식을 낮은 가격에 사들일 필요가 있어서 소심한 소유자들을 놀라게 만들어 주식을 팔도록 하고자 할 때, 그런 작전이 동원

된다.

주식이 5포인트에서 10포인트로 급히 오를 경우에 대체로 보면 그 직후에 이 상승분의 반 정도는 하락한다. 소위 말하는 차익 실현 때문에 나타나는 현상이다. 주식 투자자들은 자신이 원하는 높은 가격을 무한정 기다리지 않고 작은 수익을 챙길 수 있을 때마다 수시로 이익을 챙긴다. 그런 다음에 그 돈으로 같은 주식을 약간 낮은 가격에 구입한다. 만약에 어떤 투자 집단이 최종 목표만을 고려하면서 다른 사람들이 단기 차익을 위해 내놓는 주식을 수시로 사들인다면, 그런 식의 작전에는 지나치게 많은 돈이 들 수 있다.

투자 집단이 주식 가격을 일시적으로 떨어뜨리지 않고 줄곧 올리기만 한다면, 그 방법은 투자 집단보다 대중에게 더 많은 돈을 안기게 될 것이다. **대중이 돈을 버는 것은 투자 집단이 결코 원하지 않는 일이다.** 그러나 투자 집단의 운영자들은 가끔 고의로 대중이 한 동안 어떤 주식으로 돈을 벌도록 내버려둔다. 이 사람들이 주변의 친구들에게 자신의 행운에 대해 떠벌리게 하여 그 주식을 팔 시장을 창출하기 위해서이다.

다른 투자자들이 상승세 뒤에 차익을 챙길 것이라는

사실을 잘 알고 있는 투자 집단은 다른 투자자들이 주식을 사게 한 다음에 일시적 하락세가 끝나기 전에 자신이 소유한 주식의 일부를 판다.

어떤 주식이 한동안 주당 44달러에 머물다가 갑자기 며칠 사이에 55달러로 뛴다고 가정해보자. 이때 최고 가격인 55달러는 오직 광고 목적으로만 나온 것이고, 그래서 일시적으로만 유지된다. 아마 그 이후 며칠 동안은 이 주식의 가격은 52달러 정도를 지키며 그 선을 강하게 방어할 태세를 보일 것이다. 그러면 대중은 이런 식으로 생각한다.

"아, 좋았어! 52달러에 이 주식을 살 수 있겠군. 최고 가격에 비해 3달러 낮은 가격으로. 이 주식이 80달러까지 오를 거라고 사람들이 수군거리고 있잖아."

그러나 대중이 원하는 주식을 52달러에 다 구입하자마자, 투자 집단은 슬그머니 주가가 48달러까지 떨어지도록 내버려둔다. 그런 다음에 투자 집단은 이 가격에 주식을 다시 사기 시작할 것이다.

투자 집단은 큰 상승세를 이용해 수익을 챙길 뿐만 아니라 주식 가격의 소폭 변화에서도 적절한 시기에 사고팔아 수익을 챙기기도 한다. 따라서 투자 집단이 대중을 현혹시켜서 엉뚱한 때에 주식을 사거나 팔게 하는 경우가 자주 있다. 투자 집단이 자신들이 원하는 양보다 더 많은 주식을 갖고 있을 때엔, 그 주식을 아주 매력적으로 보이게 만들어 대중이 손을 뻗도록 해야 한다. 그러나 어떤 중대한 뉴스가 공개되기 직전에 투자 집단이 급격한 가격 상승을 노려 더 많은 주식을 원할 때, 그때는 대중이 오랫동안 끈질기게 갖고 있던 주식 일부를 내놓도록 유인할 수 있어야 한다.

대중의 손에서 주식을 빼앗는 방법은 두 가지가 있다. 언제나 제대로 먹히는 방법이다. 대중을 놀라게 만들어 주식을 던지도록 하거나 대중을 지치게 만들어 주식을 내놓도록 하는 것이다. 달리 말하면, 일반 대중은 그러지 말아야 할 때에 예상되는 손실에 깜짝 놀라 주식을 팔거나 아니면 인내심이 한계에 달해 주식을 내놓게 된다는 뜻이다.

오를 것이라는 기대감에서 주식을 샀는데 몇 개월 동안 꼼짝 않는다고 생각해보라. 그러면 당연히 이런 생각이 들게 마련이다. "이 주식은 영영 안 움직이려나 보네. 따지고 보면 본전이잖아. 지금 당장 팔아서 움직이는 주식을 사는 게 낫겠어."

투자 집단의 운영자는 경험과 관찰을 통해서 구체적인 어떤 시장 상황에서 인간의 인내심이 어디까지인지를 잘 알고 있다. 그런 지식을 바탕으로 그들은 말없이 대중을 이길 수 있다. **움직이지 않는 주식을 소유한 사람들을 실망시키는 데 필요한 시간은 4개월에서 7개월 사이이다.** 간혹 이보다 더 긴 시간이 필요할 때도 있다.

그 기간에 투자 집단은 그 주식이 최대한 매력적이지 않게 보이도록 해야 한다. 그러면 그 주식을 둘러싸고 이런 일이 벌어질 것이다. 많은 투자자들이 정보를 너무 늦게 얻는 바람에 돈을 잃게 되거나 아니면 정보를 너무 일찍 듣고 진저리를 치면서 어쩌면 상승세가 시작되기 직전에 팔아 손해를 보게 될 것이다.

뉴욕의 어느 통계 전공자는 주식 중개소의 관계자들과 친분을 돈독하게 쌓았다. 그 덕에 이 전문가는 자신이 관심을 갖고 있는 20여 종의 주식 중에서 신용으로 거래된 주식에 관한 자료를 얻을 수 있었다. 지금까지 11년 동안 그는 이 목록의 총합을 조심스럽게 표로 정리해 연구했으며 그 결과 신용 매입의 평균이 어느 정도인지를 알 수 있었다. 이 숫자만 아니라 그 기간에 주식시장의 실태까지 관찰한 결과들을 종합함으로써, 그는 어떤 주식 중에서 대중이 소유한 비율이 일정한 선을 넘어서면 그 주식은 상승 곡선을 절대로 그리지 않는다고 자신 있게 말할 수 있었다.

(나는 대형 주식 중개인 사무실의 장부 담당자와 친하게 지내곤 했다. 이 사람은 나에게 다양한 정보를 은밀히 흘리곤 했다. 이런 사람들과 친하게 지내는 것은 생각보다 훨씬 큰 도움을 준다. 왜냐하면 대형 주식 중개인 사무실에서 일어나는 일은 거의 틀림없이 다른 곳에서도 그대로 일어나기 때문이다. 대중이 한 주식 중개인을 통해서는 주식을 팔고 다른 주식 중개인을 통해서는 주식을 산다는 이야기는 지금까지 한 번도 들어보지 못했다. 대중은 하나의 집단으로 행동하는 성향을 꽤 강하게 보인다.)

우리 대부분이 주식 중개인의 기록을 보고 어떤 주식 중에서 대중의 손에 들어가 있는 주식의 비중이 어느 정도인지를 파악하는 것은 불가능하다. 그래서 나는 이 통계 전문가에게 주식시장의 거래에 관한 신문의 보도만을 보고도 대중이 소유한 비중이 지나치게 높다는 사실을 파악할 수 있는 지름길이 있는지를 물었다.

"어느 정도는 파악할 수 있다."는 것이 그의 대답이

었다. "어떤 주식이 갑자기 그 전보다 몇 포인트 올라 갔다가 정점이나 그 근처에서 머물 때, 대중은 틀림없이 그 주식을 사서 갖고 있다. 그러다 시간이 조금 지나면 대중은 그 주식이 더 이상 오르지 않을 것 같다고 판단할 것이다."

신문에 어떤 산업이 번창할 조건을 갖추고 있다는 식의 보도가 자주 실릴 때, 대중은 앞 다퉈 그 산업의 주식을 사려 들 것이다. 이런 식으로 대중이 서둘러 산 주식은 그 후 몇 주일 혹은 몇 개월 동안 그 산업과 관련한 좋은 뉴스가 나와도 아무런 반응을 하지 않게 된다.

만약에 당신이 어떤 우량 주식을 장기간 보유하고 있다가 오르지 않아 실망한 나머지 팔았다면, 그 주식은 거의 틀림없이 다시 한 번 갑자기 활기를 띠며 큰 폭의 상승을 시작할 것이다. 당신이 갖고 있는 동안에, 그 주식은 그냥 숨을 죽이고 죽은 척하고 있었던 것이다. 투자 집단이 당신의 주식만을 기다리고 있었던 것은 아니다.

이에 대한 설명은 간단한다. **인간의 본성은 어딜 가나 똑같기 때문에, 정상적인 사람은 평균적인 크기의 인내심을 갖고 있고 따라서 우리 모두는 거의 똑같이 행동하게**

된다. 당신과 내가 애초의 낙관적인 기대를 충족시켜주지 못할 것 같은 주식을 보유하고 있는 데 지쳐서 주식 중개인에게 팔아 달라고 주문을 넣을 때, 똑같이 조급증을 내던 다른 주식 소유자들도 거의 틀림없이 주식을 처분하고 나설 것이다. **우리가 주식을 엉뚱한 때에 처분하게 되는 것은 우리가 평균적인 존재밖에 되지 못한 데 대한 벌금인 셈이다.**

관리가 잘 되고 있는 투자 집단은 원하는 주식을 매집하면서 매일 정해진 금액을 제시하는 방법을 쓴다. 거기서 한 푼도 더 허용하지 않는다. 만약에 매물로 나오는 주식에 대해 주당 40달러를 지급할 생각이라면, 투자 집단은 정확히 40달러를 제시하고 40.50달러에는 전혀 관심을 두지 않는다. 주식시장의 언어로 표현하면, 그 투자 집단은 그 주식을 적극적으로 추구하지 않는다. 그러다가 투자 집단이 갑자기 예상치 않게 몇 포인트 더 높은 가격을 제시하는 시점이 올 것이다. 투자 집단이 이런 식으로 행동하는 것은 투자 집단의 운영자가 인간의 심리에 대한 지식을 이용하고 있다는 사실을 보여주는 좋은 예이다.

당신이 주식 중개인의 사무실에 앉아서 매일 대형 흑

판을 보면서 다양한 주식의 가격이 끊임없이 변동하는 것을 지켜보고 있다고 가정해보자. 아니면 당신이 티커 테이프에 나타나는 시세를 보고 있다고 가정해보자. 그러면 오랫동안 조용히 아주 좁은 범위 안에서 등락을 거듭하던 어떤 주식이 어느 날 아침에 갑자기 살아 움직이는 것이 관찰될 것이다. 활발하게 움직일 뿐만 아니라 가격도 높이 형성될 것이다.

이때 몇 백 주 단위로 이뤄지는 거래는 그 전 매매보다 두드러져 보이고, 몇 분 지나면 주식 가격도 활발한 움직임이 시작되기 전보다 4, 5포인트 정도 더 높게 형성될 것이다. 그러다 주식 가격은 다시 떨어지기 시작하며 아마 30분 뒤엔 다시 거래가 조용해질 것이다. 이런 상황에서 당신이 주식을 팔려고 한다면, 아마 당신이 받을 수 있는 최고 가격은 며칠 동안 이어졌던 그 가격과 같을 것이다.

그 같은 현상에 대한 설명은 이렇다. 투자 집단의 운영자는 평균적인 사람들의 경우에는 다른 사람이 받는 돈보다 약간 더 높은 가격에 주식을 처분함으로써 허영심을 충족시키길 좋아한다는 사실을 잘 알고 있다. 어떤 주식이 오랫동안 40달러 선에서 팔리고 있다면,

122

그 주식을 소유한 사람들 중 다수는 속으로 이렇게 생각할 것이다. "40달러에는 절대로 팔지 않을 거야. 43달러는 받아야 돼." 또 다른 소유자들은 주식을 팔고자 하는 희망 가격을 44달러 또는 45달러로 잡을 것이다. 그들은 주식이 그 금액으로 팔릴 때까지 기다리지 않고 미리 매도 주문을 한다. 이 '무조건 주문'은 실행되기 전까지 몇 주일 동안 주식 중개인의 장부에 기록되어 있을 것이다.

투자 집단의 유능한 운영자라면 아마 주식시장에서 그 주식을 실제로 취급하는 전문가들로부터 '무조건 주문'이 얼마나 쌓여 있는지, 또 원하는 가격은 어느 정도인지를 듣게 될 것이다. 아마 이때만 해도 무조건 주문의 전체 숫자는 아직 고려할 만큼 충분하지 않을 수 있다. 그러나 결국엔 그 숫자가 커지는 때가 올 것이다. 그러면 어느 상쾌한 날 아침에 투자 집단의 운영자가 주식 중개인에게 전화를 걸어 "그 주식 중에서 40달러와 45달러 사이에 나온 물량을 모두 구입하라."고 말할 것이다.

그 주문이 갑작스런 가격 상승을 낳을 것이다. 치즈 조각을 보고 구멍에서 튀어나왔다가 번개처럼 다시 구명으로 돌아가는 쥐를 연상시키는 대목이다. 그 주식은 몇 분 안에 40달러에서 45달러 사이에 팔리다가 금방 떨어지기 시작할 것이다. 만약에 그 작업이 순식간에 이뤄지지 않으면, 42달러에 팔겠다고 한 사람들 중 많은 사람들이 마음을 바꾸고 가격을 올릴 것이다. 그렇기 때문에 투자 집단은 대중이 돌아가는 사태를 파악하기 전에 많은 주식 중개인의 장부에 올라 있는 무조건 주문을 말끔히 처리해야 한다. 그러면 약간의 투자자들이 최근까지 40달러였던 주식이 지금 45달러에 팔리고 있다는 사실에 주목하면서 자신이 보유한 주식을 "시가로", 말하자면 구체적인 가격을 명시하지 않은 채 매물로 내놓을 것이다. 그러면 이 투자자들에겐 통탄할 일이지만, 그들의 주문이 처리될 때에는 주식의 가격이 아마 2, 3포인트 떨어져 있을 것이다.

불마켓이 최고조에 달한 것 같은 시점에 어떤 주식이 새롭게 최고가를 기록한다면, 사람들은 그 주식에 대해 의심의 눈길을 보낼 것이다. 그 가격이 주식의 진짜 가치를 바탕으로 한 것이 아니고 투자 집단이 조장한 인위적 상황에 따른 것일 가능성이 있기 때문이다.

그러나 다른 한편으로 보면 어떤 주식이 불마켓이 시

작할 시점에 과거 어느 때보다 높은 가격에 팔리거나 몇 달 중 최고 가격으로 팔린다면, 그 주식은 지켜볼 가치가 있으며 아마 사야 할 것이다. 그 가격이 순수한 가치를 반영할 가능성이 다른 어느 시점보다 더 크기 때문이다. 먼저 오랫동안 주가 하락을 겪은 뒤인데다 아직 새로운 불마켓이 동력을 얻기 전이기 때문에, 대부분의 투기자들은 많은 돈을 확보하지 못했고 투자 집단도 제대로 활동하지 않고 있다. (당신도 잘 알다시피, 돈을 갖지 않은 대중을 속여 봐야 아무런 소용이 없다. 투자 집단이 현명하지 못한 곳에 돈을 투자하도록 유혹하는 대상은 어디까지나 돈을 가진 대중이다.)

따라서 주식들이 표류하며 각자의 가치를 찾고 있을 때, 그 시기에 상승하는 주식의 움직임은 큰 의미를 지닌다. 작전 세력의 왜곡이나 헛소문이 떠돌지 않는 가운데서 가격이 올라가는 주식이라면, 시장이 전반적인 상승세를 탈 태세를 갖추게 될 때에는 아마 가격이 더 올라갈 것이다.

정반대의 상황을 보도록 하자. 장점을 많이 가진 어떤 주식이 1929년 10월과 11월에 일어난 것과 같은 매도 홍수 속에서 자체의 무게 때문에 서서히 내려앉을 때, 그 주식은 회복도 그만큼 느릴 것이다. 열등한 주식보다 회복 속도가 훨씬 더 느려질 것이다. 그 이유는 이 주식의 가격을 상승시킬 만큼 충분한 환매(還買)가 갑자기 일어나지 않기 때문이다. 아무도 이 주식을 공매도하지 않았다. 이유는 간단하다. 이 주식이 그만한 가치와 강점을 갖고 있어서 공매도 자체가 아주 위험하기 때문이다.

다른 주식들이 30%씩 하락하는 사이에 겨우 10% 하락하는 주식을 볼 때, 사람들은 대체로 이런 식으로 말한다. "이 주식이 선방한 것으로 봐서 우량주임에 틀림없어. 그러니 회복세도 빠를 거야. 당연히 이익을 빨리 챙길 수 있는 이 주식을 사야지." 그러나 그 주식의 가격은 떨어질 때만큼이나 느리게 돌아올 것이다.

오랫동안의 침체 끝에 주식 가격을 상승시켜야 할 때 처음 몇 포인트를 올리는 것이 대단히 어렵다는 사실을 투자 집단의 운영자들은 잘 알고 있다. 이는 약간 높은 가격에 산 다수의 사람들이 본전을 챙기기 위해 자신이 산 가격까지 오르기만 하면 즉각 주식을 팔기 때문에 일어나는 현상이다. 보다 높은 고도에 오를 때까지, 투자 집단은 이런 두꺼운 지층을 뚫고 나가면서 한

걸음 옮길 때마다 주식을 사들여야 한다.

이와 완전히 다른 이유로, 투자 집단이 처음에 어렵게 10포인트 내지 12포인트 정도 올려놓고 나면 그 다음에 30포인트 내지 40포인트를 올리는 것은 의외로 쉬운 경우가 종종 있다. 이는 가격이 아주 높아졌다고 생각될 때 공매도를 시작하는 그런 사람들이 투자 집단을 돕고 나서기 때문에 나타나는 현상이다. 그 주식이 지속적으로 상승세를 보일 때, 이 사람들의 움직임은 그 주식에 대한 수요를 확실히 창출하게 된다. 왜냐하면 공매도한 사람들이 높은 가격에 다시 놀라면서 자신이 판 양만큼 주식을 다시 사기로 결정하기 때문이다. 그렇게 되면 사람들은 언제나 가격이 오르는 상황에서 주식을 사기를 더 선호하기 때문에, 그 주식의 활기찬 움직임은 더 많은 매수를 부를 것이다.

주식이 저절로 올라가는 것이 아니라 떼밀려 올라간다는 말이 있듯이, 마찬가지로 많은 주식들은 투자 집단의 작전에 의해 강제로 끌어내려질 때까지 좀처럼 내려가지 않는다. 투자 집단의 운영자들은 좋지 않은 소식까지도 재빨리 이용하면서 그런 소식이 실제보다 더 나쁘게 보이도록 만든다. 얼마 전에 큰 철강회사의 사장이 갑자기 세상을 떠났다. 그는 그 회사의 사장이었음에도 불구하고 지난 1, 2년 동안 비교적 활동적이지 못했다. 그의 죽음은 실제로 보면 그 회사에 유리하게 작용했다. 보다 젊고 공격적인 사람들이 회사 운영에 전권을 행사할 수 있게 되었기 때문이다.

그러나 투자 집단은 공포감을 조장해 주식의 가격을 급격히 떨어뜨리기 위해 이 회사의 주식을 버리기 시작했다. 그러자 다른 주식 소유자들도 주가가 급락하는 것을 보고 무조건 내다 팔기 시작했다. 그 결과 이 회사 주식의 가격은 불과 몇 시간 만에 30포인트 이상 떨어졌다. 그러자 투자 집단은 시장에 나온 그 회사 주식 전부를 낮은 가격에 사들였으며, 그런 다음에는 자신들의 홍보 채널을 동원해서 그 철강인의 죽음은 회사에 그다지 큰 피해를 입히지 않을 것이라는 소문을 퍼뜨렸다.

이렇듯 극도로 낮은 가격도 가격이 높아질 주식을 헐값에 사들이려는 투자 집단의 조작에 의한 것일 수 있기 때문에, 많은 관찰자들은 다음과 같은 규칙을 따르고 있다.

'어떤 주식이 급격히 떨어지면서 몇 년 만의 최저 수준

으로 하락한 다음에 3개월 동안 그보다 더 밑으로 떨어지지 않는다면, 그 주식은 아마 더 낮아지지 않고 올라갈 것이다.'

투자 집단의 운영자들은 심지어 사람들이 숫자를 대하는 습관까지 이용한다. 우리 대부분은 무의식적으로 숫자 습관을 뚜렷이 보인다. 그런데 이 습관이 우리의 사고에도 그대로 작용하고 있다. 사람들에게 어느 순간 불쑥 1에서 10 사이의 숫자 중에서 하나를 고르라고 요구해 보라. 그러면 셋 중 둘은 7을 선택할 것이다. 알 수 없는 이유로, 7은 우리 대부분이 좋아하는 숫자이다.

마찬가지로 5나 0으로 끝나는 숫자도 편리한 숫자이다. 그런 숫자에 대한 선호는 아마 우리가 구구단을 외우던 시절로까지 거슬러 올라갈 것이다. 다른 숫자보다 5를 곱하는 계산이 비교도 안 될 정도로 쉬웠으니 말이다.

인구 통계에 나타나는 숫자를 보면, 35세인 사람이 34세나 36세인 사람보다 언제나 더 많다. 이유는 35세에 가까운 사람이 인구 통계 조사관에게 그냥 쉽게 35세라고 밝히기 때문이다.

판사들도 죄인에게 10년 형을 많이 선고한다. 9년 형을 선고하는 판사는 거의 없다. 임금도 숫자 습관의 영향을 보여준다. 1주일에 26달러를 받는 경우는 거의 없다. 대부분이 25달러, 30달러 아니면 27.50달러를 받는다. 27.50달러는 5의 배수 사이의 타협점이다.

이런 숫자 습관은 당연히 주식 거래에도 느껴진다. 물론 투자 집단은 이 습관을 잘 알고 있다. 뉴욕주식거래소에 상장된 모든 주식의 연중 최고가와 최저가를 정리해 놓은 신문을 보면, 숫자에서 놀라운 현상이 발견될 것이다. 연중 최고가는 4나 9로 끝날 것이다. 달리 말하면, 5의 배수 바로 아래 숫자로 끝난다는 뜻이다.

주식 가격이 125달러나 150달러에 도달할 때보다 124달러나 149달러에 도달할 때가 월등히 더 많다. 그 이유는 사람들이 똑떨어지는 숫자로 생각하고 그 가격에 팔려고 시도하지만 언제나 성공하지는 못하기 때문이다.

어떤 방 안에 한쪽에는 매수자가 있고 다른 한쪽에는 매도자가 있다고 상상해보자. 매도자의 과반은 한 주에 150달러를 요구하고 있지만 매수자가 제시한 최고 금액은 149달러이다. 결국 충분히 많은 매도자들이 149달러를 받아들이기로 결정하면서 적어도 수요의 일부를 충족시킨다. 그러면 가격은 148달러 이하로 떨어진다. 150달러에 내놓았던 사람들 모두는 지금 149달러를 받아들였으면 좋았을 걸 하고 후회한다. 투자집단 운영자들은 똑떨어지는 숫자를 기다리지 않고 다른 사람들이 요구하는 가격보다 높은 가격으로 팔 수 있을 만큼 똑똑하다.

어떤 주식이 처음으로 100달러에 팔릴 때면 그 가격은 거의 언제나 그보다 조금 더 높이 올라간다. 왜냐하면 그 주식의 가격이 100달러까지 올라오는 데는 상당한 힘이 필요했으며, 그 힘이 주식 가격을 약간 더 밀어 올리기 때문이다.

거꾸로 보면, 당신이 좋아하는 주식의 연중 최저 가격의 끝자리는 5나 0 바로 위의 숫자일 가능성이 아주 크다. 90달러나 100달러까지 떨어지는 주식보다 91달러나 101달러까지 떨어지는 주식이 더 많다. 우리는 선호하는 주식에 대해 이런 식으로 말한다. "90달러까지 다시 내려가면 살 거야." 그러나 경험이 풍부한 구매자들은 90.50달러나 91달러를 제시함으로써 앞서 살 것이다.

투자 집단의 운영자는 주식을 오랫동안 이어질 수 없

는 가격에 대중에게 팔려고 노력한다. 그렇기 때문에 운영자는 매수자들이 적어도 일시적으로는 돈을 잃게 되어 있다는 사실을 잘 알고 있다. 따라서 투자 집단의 전문적인 운영자는 비양심적이거나 자신의 일에 너무 열심이다 보니 인간적인 동정심을 잃었다고 말해도 무방할 것이다. 만약에 식료품점을 하는 당신의 이웃이 고객을 실망시키고 피해를 입힐 제품을 지속적으로 판다면, 당신은 그 이웃을 경멸할 것이다. 그러면 그 이웃은 사업에 어려움을 겪게 될 것이다.

그러나 투자 집단의 운영자는 고객을 직접 대하지 않으며 심지어 고객이 누구인지조차도 모른다. 그렇기 때문에 이 운영자의 윤리 기준은 인간미가 없고 덜 엄격해 보인다. 진실은 주식시장에 투자를 하고 있는 모든 사람들이 투자 집단의 운영자와 똑같이 행동하려고 노력하고 있다는 것이다. 말하자면 싼 값에 주식을 사서 비싼 값에 주식을 팔려고 애를 쓰고 있는 것이다. 사람들은 그렇게 하면서도 불공정한 전술이라는 생각을 전혀 하지 않는다. 또 조금의 손실만 입어도 큰 고통을 겪게 될 사람들이 분명히 있음에도 불구하고, 우리는 어느 누구에게도 피해를 입힐 생각은 전혀 품고 있지 않다.

사실, 투자 집단의 운영자는 우리 모두가 아는 바와 같
이 월스트리트의 게임에는 잃을 능력을 갖춘 사람들만이
끼어들어야 한다는 것을 잘 알고 있다. 몇 백 달러의 상실
에도 치명타를 입을 사람들은 주식시장에 끼어들 이유
가 전혀 없는 것이다.

싫더라도 인정할 것은 인정하자면, 많은 투자 집단
의 운영에도 긍정적인 측면이 있을 것이다. 왜냐하면
이 투자 집단들이 주식 가격의 안정에 어느 정도 기여
하기 때문이다. 주식 가격의 위험한 폭등 중 많은 예들은
투자 집단이 작전을 벌일 때 나타나는 것이 아니라 아무런
정보를 갖추지 않은 대중이 흥분해서 가치를 따지지 않고
내일 더 높은 가격에 팔릴 것이라는 생각에 무조건 주식을
사려드는 때에 나타난다. 그러다 어느 순간 가격이 지나
치게 높다는 깨달음이 생기면, 단 하루에 20포인트나
30포인트가 빠지는 일이 벌어질 것이다. 진짜 잘못은
대중의 탐욕에 있는데도, 애꿎은 투자 집단들이 비난
을 뒤집어쓰는 경우가 종종 있다.

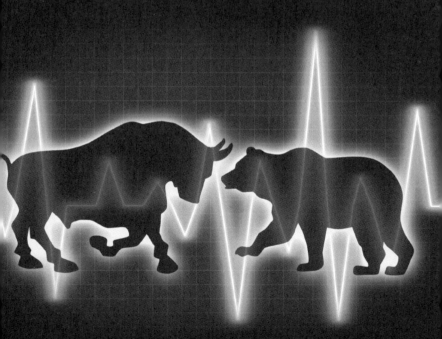

7장
—

모순되게
행동해서 이겨라!

535.01 − 308.18 ▼ 172.293 − 0.009 − 0.082% 12.92
755.67 − 740.20 ▲ 20.308 + 0.278 + 05.37% 80.37
205.20 − 370.16 ▼ 29.374 − 0.820 − 82.95% 17.29
111.48 − 300.77 ▲ 10.888 + 0.616 + 2.370% 90.61
108.33 − 740.74 ▲ 50.061 + 0.374 + 2.061% 11.00
293.08 − 728.57 ▼ 37.820 − 0.572 − 8.537% 20.30
100.95 − 108.70 18.447 − 0.537 − 0.048 82.06
293.57 − 537.00 38.101 + 0.370 + 0.003% 70.08
135.18 − 108.61 ▲ 00.616 + 0.101 + 7.820% 18.60
278.00 − 121.20 48.063 + 0.111 + 6.108% 10.20
572.00 − 108.11 57.032 + 0.600 + 1.205% 67.82
108.74 − 121.47 12.061 + 0.278% 33.07
310.40 − 300.40 40.048 + 0.920 + 0.061% 57.75

지금까지 본 바와 같이, 평균적인 사람의 자연스런 행동은 잘못되기 십상이고, 막강한 힘을 지닌 투자 집단들은 대중이 현명하지 않게 행동하도록 유혹하려고 끊임없이 작전을 벌이고 있다. 그렇다면 평균적인 사람인 우리는 도대체 어떻게 해야 하는가?

　다행히도, 앞에서 이미 암시한 바와 같이, 투자를 비교적 안전하게 하는 데 도움을 줄 지침이 하나 있다. 사람들 대다수가 하는 것과 정반대로 행동하는 것이다. 어떤 사람이 주식시장과의 싸움에서 승리를 거두고 있다면, 그 사람은 틀림없이 모순되게 행동하는 사람일 것이다.

대부분의 사람들은 엉뚱한 주식을 엉뚱한 시기에 사서 엉뚱한 시기에 팔면서도 주식 중개인에게 그런 엉터리 주문을 받아서 처리해 준 데 대한 대가로 상당한 액수의 수수료까지 지급한다.

성공을 거두고 있는 투기자와 인간 심리를 깊이 공부한 사람들은 모두 대다수의 사람들이 소수의 몇 사람에 비해 놀랄 만큼 덜 똑똑하다는 사실을 잘 알고 있다. 모든 과학적인 지능 검사, 말하자면 군대나 학교, 대학을 가리지 않고 모든 곳에서 실시되고 있는 지능검사는 어떤 공동체든 전체 구성원의 2% 정도가 논리적인 결론을 내리는 능력에 있어서 나머지 98%보다 월등히 더 탁월하다는 사실을 보여주고 있다.

누구나 자신이 알고 지내는 사람들을 둘러보면 이 같은 사실이 쉽게 확인될 것이다. 당신이 꽤 잘 알고 지내는 사람은 적어도 100명은 될 것이다. 어쩌면 수백 명이 될지도 모르겠다. 그렇다 하더라도 수백 명의 사람들 중에서 100명 정도를 다른 사람들보다 더 잘 알고 지낼 것이다.

친한 친구나 이웃이나 지인으로 구성되어 있을 그

100명 중에서 센스가 남다르게 뛰어나고 거의 모든 일에서 판단력을 믿어도 좋은 사람이 두세 명은 되지 않는가? 또 이 두세 명의 판단력이 나머지 모든 사람의 지혜를 전부 합친 것보다 더 훌륭한 것 같지 않은가? 자동차 산업에 관한 한, 헨리 포드(Henry Ford)의 판단은 대체로 그가 고용한 직원 수천 명의 전체 의견보다 더 가치 있다고 말해도 무방할 것이다. 마라톤 경주에 나선 사람이 아무리 많더라도, 그들은 챔피언을 능가하지 못하지 않는가?

틀림없이 주식시장이 대중을 대표할 만한 사람들을 두루 끌어들이고 있다고 말하는 것이 합리적일 것이다. 따라서 만약에 대다수의 사람들이 소수의 몇 사람에 비해 어떤 문제와 관련해 현명하게 결정을 내리는 능력이 떨어진다면, 이는 사람들이 주식시장에서 하는 행동에도 그대로 통할 것이다.

정말로, 대다수의 결정 능력이 극소수의 사람에 비해 떨어진다는 말은 주식시장에 투자하고 있는 사람들에게 더욱더 맞는 말이다. 왜냐하면 대다수의 사람들을 엉뚱한 길로 유도하려는 계획이 꽤 조직적으로 작동하고 있고 또 성공하고 있기 때문이다. 그 게임은 언제나 어리석은 사람들을 능가하려는 똑똑한 사람들에 의해 조작되고 있다.

그렇다면 주식시장에서 성공을 거두기 위해서는 대부분의 사람들이 하는 대로 해서는 절대로 안 된다. 그러므로 여론이든 신의 목소리든 당신이 종종 듣거나 보는 것에 약간이라도 신경을 쓰는 것은 어쨌든 위험한 일이다. 그러나 대부분의 사람들이 잘못하고 있는 것이 꽤 확실하기 때문에, 그들과 정반대로 하는 사람은 대체로 성공할 확률을 높일 수 있다.

우리는 머리가 매우 좋은 소수의 사람들이 무엇을 하고 있는지는 모르지만 군중을 지켜보고 연구함으로써 소수의 사람들이 하고 있지 않은 일에 대한 단서를 얻을 수 있다. 달리 말하면, 적당히 지적이어서 개별적인 노력을 기울이지 않아 현명하게 행동하지 않는 대부분의 사람들은 '군중을 따르라!'고 말하는 모든 신호를 지속적으로 깡그리 무시함으로써 현명한 소수의 사람들에게 합류할 수 있다는 뜻이다.

이 대목에서 아마 이런 식으로 외치면서 나의 주장에 반기를 드는 사람이 나타날지도 모르겠다. "이보게! 당신의 말은 민주주의 정신과 완전히 반대야. 우리는 다수의 지배라는 제도를 바탕으로 살고 있어. 그런데 당신은 다수가 언제나 틀렸다고 말하고 있어."

맞는 말이다. 다수는 월등히 더 지적인 소수의 리더십을 따를 때를 제외하곤 엉터리로 행동할 가능성이 크다는 것이 나의 견해이다. 민주주의의 강점은 사람들이 지적으로 행동할 것이라는 데에 있는 것이 아니라 사람들이 공정한 게임을 할 수 있다는 데에 있다. 말하자면 자신을 표현하고, 자신이 원하는 것을 얻을 기회가 있다는 점이 민주주의의 강점인 것이다.

군중과 정반대로 하라는 원칙의 유일한 문제는 군중이 정말로 하고 있는 것이 무엇인지를 언제나 알 수 있지는 않다는 점이다. **게다가 군중과 정반대의 길이 어떤 것인지를 알고 있다 하더라도, 그 방향으로 나아가는 것이 말만큼 쉽지 않다는 것도 문제이다.** 우리의 모든 이웃과 신문의 경제면, 그리고 다른 모든 관계자들이 우리의 귀에 대고 행동의 일치를 이루는 것이 곧 지혜라고 떠들어대는 상황에서, 그런 대중의 생각이 우리의 생각을 너무나 쉽게 흡수해 버리는 것이다. 그렇기 때문에 설령 자신만의 생각을 가졌다 하더라도, 우리는 저항이 가장 작은 노선을 밟으며 모든 사람이 말하는 바를

7장 모순되게 행동해서 이겨라!

따르기 십상이다. 만약에 당신이 정신적으로 강하지 못하거나 외부 영향에 쉽게 흔들리거나 시류를 따르는 사람이라면, 아주 높은 지능도 당신이 엉터리로 행동하지 못하도록 늘 막지는 못한다.

그러나 군중이 돈을 거는 쪽이 어디인지를 알아냄으로써 돈을 번다는 생각은 단순한 이론만이 아니다. 왜냐하면 앞의 장에서 본 바와 같이, 성공을 거두는 투자 집단의 운영자들이 실제로 하고 있는 행위가 바로 그런 것이기 때문이다. 무대 뒤에서 무슨 일이 벌어지고 있는지를 알기 위해 은행과 다른 정보원을 접촉할 수 있는 부자들과 권력자들은 어떤 주식이 지나치게 비싸게 거래되고 있는지를 파악할 수 있다. 대중이 신용 계좌를 통해 시장에 아주 깊이 빠져 있을 때, 큰손들은 시장에 자금이 많이 풀렸다는 것을 안다. 그런 상황에서 큰손들은 조작이 쉽다고 판단한다. 그들이 주식을 팔 시기인 것이다. 그들은 심지어 갖지도 않은 주식까지 팔기도 한다. 말하자면 주식 가격이 분명히 떨어질 것이라는 것을 알기 때문에 공매도를 하는 것이다.

1929년 10월 대폭락이 있기 전에, 큰손은 팔고 있고 개미 투자자들은 사고 있다는 경고가 대중의 귀에 수없이 많이 들렸다. 연방준비은행(Federal Reserve Bank)의 보고서는 매주 평균 주가가 떨어지고 있는데도 주식 중개인들의 대출금은 늘어나고 있다는 점을 보여주었다. 달리 말하면, 당시에 주가가 하향세를 보이고 있었기 때문에 주식 중개인의 대출금 증가가 주식의 가치로 설명되지 않는다는 뜻이었다. 그렇다면 그 대출금 규모는 단지 신용 계좌의 숫자가 증가하고 있다는 점을 암시하는 것이었다. 그 사이에 주식을 자신의 돈으로 갖고 있던 현명한 사람들은 주식을 팔고 있었다. 그들이 주식을 팔고 있었던 유일한 이유는 보다 현명한 관점에서 주가 하락을 예상하고 자신의 주식을 더 낮은 가격에 구입하길 기대했기 때문이다. 시장에서 발을 빼야 할 때라는 암시는 너무나 분명해 보였다. 위험 신호가 모든 사람의 눈에 분명하게 보였다. 그러나 그 신호에 관심을 둔 사람은 과연 얼마나 되었을까?

확실히 월스트리트의 어마어마한 '할로윈 축제'는 대부분의 사람들이 언제나 잘못 행동하고 있다는 점을 다양한 증거들을 제시하며 보여주었다. 그렇지 않다면, 절대다수가 우량 주식까지 광적으로 터무니없이 낮은 가격에 던져 현명한 소수의 배만 불려주는 짓을 하는 그런 사태는 일어나지 않았어야 하는 것이 아닌가? 이 사람들이 대재앙이 일어나기 전에 이미 잘못되어 있었거나 사려 깊지 못했다고 결론을 내리는 데는 논리적인 사고조차 필요하지도 않다. 어쨌든 그 당시에 수많은 사람들은 똑같이 바보처럼 행동했다.

주식시장과 관련해서 현명하게 행동할 줄 아는 사람들은 일반 대중이 주식을 사려 안달하는 바로 그때에 주식을 팔고 있었다. 정말로, 신중한 사람들에게 주식을 팔 기회를 부여하는 것이 바로 주식을 사려 드는 대중의 열의였다. 주식을 팔려는 장세가 놀랄 만큼 커진 이유 하나는 다음과 같다.

1929년 10월 초에 최초의 경고성 하락이 일어났을 때, 대중은 주식을 팔지 않고 오히려 약간 떨어진 주식시세를 주식을 살 기회로 오해하고 현금을 이용해 더 많은 주식을 사들였다. 주식 가격이 더 떨어지자, 이렇게 현금으로 추가로 구입한 주식이 자연히 대중에게 큰 부담으로 작용했다. 따라서 대중은 대부분의 주식 가격이 바닥으로 떨어질 때 처분하게 되었다.

가격이 내려감에 따라, 주식의 거래 속도도 더 빨

라지고 거래 규모도 더 커졌다. **그러나 존 피어폰 모건 (John Pierpont Morgan)이나 존 록펠러(John Davison Rockefeller) 같은 사람을 제외한다면, 이처럼 터무니없이 낮은 가격에 주식을 사겠다고 나설 사람이 과연 얼마나 되겠는가?** 그 당시에는 종목을 가리지 않고 모든 주식이 헐값에 거래되고 있었다. 직접 눈으로 확인하지 않고는 믿기지 않을 정도로 형편없이 낮은 가격이었다.

그래도 **우리 같은 평균적인 사람은 돈을 갖고 있었더라도 그런 주식을 원하지 않았을 것이다.** 이런 식으로 생각했기 때문이다. 주식이 미친 듯 폭락하고 있다. 그렇다면 내일은 오늘보다 더 떨어질 것이다. 무엇이든 한 번 시작하면 한동안 계속되니까!

어느 유명한 투기자의 말이 떠오른다. 월스트리트에서 큰돈을 챙긴 다음에 그걸 계속 지키고 있던 사람이 한 말이다.

"나는 다른 사람들이 나에게 바란 행위를 했을 뿐이다. 사람들이 주가가 떨어지는 시장에서 가격을 불문하고 주식을 팔기로 마음을 먹고 매수자를 찾아 나섰을 때, 나는 다만 그 주식을 구매함으로써 그들의 요구를 들어주었을 뿐이다. 그런 다음에 그들이 높은 가격에 주식을 다시 사겠다고 똑같이 광적으로 매달릴 때, 나는 그들이 나의 주식을 사도록 흔쾌히 허락했을 뿐이다."

사람들이 공황 상태에 빠져 주식을 헐값에 내다 파는 동안에 주식 중개인의 사무실에 들어가 보면, 당신은 거래에 나선 모든 사람들이 팔기만 할 뿐 단 한 사람도 사지 않는다는 사실을 확인하게 될 것이다. 그럼에도 틀림없이 누군가는 주식을 사고 있을 것이다. 그렇지 않으면 시장이란 것이 존재하지 않을 테니까 말이다. 눈에 보이는 모든 사람이 팔고 있는데, 그럼 누가 주식을 사고 있을까?

그땐 일이 이런 식으로 전개되고 있을 게 틀림없다. 주식 가격이 떨어지는 상황에서 주식을 구매하는 사람은 어디에 있는 누구든 아주 약삭빠른 사람일 것이다. 또 자신의 시간을 매우 소중히 여기는 사람이고, 어딘가에서 주식 가격의 변화를 지켜보고 있을 것이다. 큰 물에서 놀 만큼 비중 있는 인물은 주식 중개인의 사무실에 일 년에 한 번도 나오기 힘들 만큼 시간을 쪼개 쓸 것이다.

보통 사람들 중에서 1929년 대폭락이 일어나는 동안에

**주식시장에 발을 담그고 있지 않아서 돈을 갖고 있던 사람
들도 주식이 반등하는 것을 확인하기 전에는 주식을 사지
않았다.** 값이 떨어진 주식을 사기 위해 융자회사와 저
축은행에서 돈을 마련했던 사람들의 매수도 대부분의
주식이 가격을 반 정도 회복한 뒤에야 시작되었다. 가
격이 바닥을 칠 때 놀라서 주식을 내다 판 사람들은 추
세가 바뀌었다고 판단하고 똑같은 주식을 25포인트 내
지 30 포인트 높은 값에 다시 샀다. 이 이야기가 거짓말
처럼 들린다면, 주식 중개인 아무나 붙잡고 물어봐라.

**만약에 어떤 사람이 수 천 달러의 자금을 갖고 10월 초
부터 대다수의 사람들이 주식을 살 때에만 주식을 팔고 거
의 모든 사람이 주식을 팔려고 할 때에만 주식을 구입했다
면, 그 사람은 상당한 돈을 챙길 수 있었을 것이다. 틀림없
는 일이다. 그것도 겨우 한 달 사이에 말이다.**

대다수의 사람과 반대되는 행동을 함으로써 그렇게
빨리 큰돈을 모으는 것도 물론 언제나 가능한 일은 아
니다. 그러나 주식시장에서 성공을 거두는 비결은 대
부분의 시간 동안에 그 같은 공식을 채택하는 데 있다
고 나는 확신한다.

다수와 달리 행동해야 하는 또 다른 이유는 인간의

마음이 시장에서 있었던 가장 최근의 경험으로 곧잘 돌아가면서 그것을 바탕으로 미래를 판단한다는 사실이다. 대부분의 사람은 앞을 보기보다는 곧잘 뒤를 돌아본다.

1922년과 1923년에 스탠더드 오일의 주식으로 엄청난 이익을 챙길 수 있는 기회가 있었다. (물론 그 이익도 제때에 주식을 팔 수 있을 만큼 똑똑한 사람만이 챙길 수 있었다.) 현명한 사람들은 지금 존 록펠러와 그의 동업자들이 석유산업이 몇 년 동안 힘든 시기를 겪게 될 것이라고 예측하고 1922년과 1923년에 자신들이 소유한 주식의 상당 부분을 팔고 있었다는 이야기를 들려주고 있다. 그들이 주식을 팔기에 좋았던 시장은 그들의 목적에 따라 조작되었을 수도 있고, 아니면 우연히 그런 방향으로 형성되었을 수도 있다. 어쨌든 거기에 내부 거래가 상당히 있었던 것은 분명하다.

기록에 따르면 스탠더드 오일이 발행한 유가증권의 수익이 가장 좋았던 때는 1919년과 1920년이었다. 그러나 이 회사 주식에 대한 투기적인 열기는 그러고 나서 2, 3년이 지난 뒤에야 시작되었다. 왜 그랬을까? 최고의 상태가 몇 년 사이에 끝난 것으로 본 내부자들이 주식을 팔기 위해서는 대중이 높은 수익과 높은 가치가 지속적으로 유지될 것이라는 믿음을 갖도록 그 주식을 더욱 매력적으로 가꿔야 했기 때문이다. 대중에게 주식을 팔려는 내부자들의 계획의 일환으로, 대규모 투자 집단들이 구성되었고 주식 배당도 많이 했다. 그러자 대중이 광적으로 이 회사의 주식을 사기에 이르렀다. 내부자들이 주식을 팔아치우고 있는 사이에, 똑똑한 단기 투기 전문가들도 엄청난 이익을 챙길 수 있었다.

그러나 약삭빠른 투기자들이 발을 빼고 있던 때인 1923년에, 장기 투자를 하던 다수의 사람들은 예를 들어 49달러에 구입한 스탠더드 오일 주식에 대책 없이 묶여 있었다. 그들은 수익도 챙기지 못하고 배당금도 그다지 많이 받지 못한 가운데 그 주식을 몇 년 동안 갖고 있어야 했다. 1929년 대폭락 동안에, 신문들이 스탠더드 오일의 창설자인 존 D. 록펠러가 스탠더드 오일 주식의 상당수를 50달러에 사려고 노력한다는 내용의 제목을 실었을 때, 사람들은 늙은 존 록펠러가 5, 6년 동안 자신의 돈을 보다 생산적인 업종에 넣어놓고는 자신이 돈을 모아 헐값에 자사의 주식을 다시 사들일 때까지 대중이 주식을 인내심 있게 갖고 있도록 꾀를 썼다는 식으로 생각하지 않을 수 없었다.

이런 모든 이야기를 통해 내가 강조하고 싶은 바는 바로 대중이 앞을 보아야 할 때 뒤를 돌아본다는 사실이다. 평균적인 투기자는 지난번 불마켓에서 올라간 주식은 다음번 불마켓에서도 올라갈 확률이 가장 높은 주식이라고 생각한다. 그러므로 주식 시장에서 성공하려면 반드시 평균적인 판단을 피할 수 있어야 한다.

1923년에 석유회사 주식의 분산이 이뤄진 뒤, 석유회사들의 주식 가격은 당연히 떨어지기 시작했다. 석유회사 주식은 심지어 가을에는 여름보다도 더 밑으로 떨어졌다. 그러나 1923년 12월과 1924년 1월과 2월에, 석유회사 주식에 대한 투기가 되살아났다. 그때까지도 팔아치워야 할 주식을 갖고 있던 어느 큰 손의 작전 때문이었다. 그러자 다시 대중은 석유회사 주식을 많이 사들였다.

이렇듯 사람들이 작전에 넘어가며 주식을 쉽게 사게 되는 이유는 석유회사 주식이 그 전의 불마켓에서 이익을 많이 안겨주었다는 것을 기억하고 있기 때문이다. 모든 사람들은 석유회사들의 주식이 불마켓에서 주도적인 역할을 했기 때문에 그 다음 불마켓에서도 선도자의 역할을 한 번 더 할 것이라고 쉽게 생각했다.

이런 생각도 과연 추론이라고 할 수 있을까? 그때 벌어지고 있던 일의 진실은 이랬다. 1924년 2월 8일에 스탠더드 오일의 주식은 5년 만에 최고를 기록했다. 역사상 최대의 불마켓을 3개월 앞둔 시점이었다. 1924년에 이 주식의 가격이 떨어지고 있을 때, 모든 사람은 이렇게 말했다.

"스탠더드 오일 주식을 사라. 세상에서 가장 안전한 투자니까. 석유회사 주식을 샀다가 손해 본 사람은 아무도 없어. 자동차 회사 주식은 사지 마라. 투기성이 너무 강해. 1920년과 1921년에 제너럴 모터스에 일어난 일을 보라고."

절대다수의 사람들이 모든 것이 완벽히 안전하다고 믿으며 아무런 일이 일어나지 않을 것이라고 생각할 때, 공황이 일어날 가능성이 가장 커진다. 왜냐하면 바로 그때가 주식이 강력한 사람들의 손에서 약한 사람들의 손으로 가장 쉽게 넘어갈 수 있는 때이기 때문이다. 과반의 사람이 조심하며 주식을 조금씩 살 때, 상승세가 이어질 가능성이 커진다. 주식시장의 상승이 있기 직전엔 거의 언제나 대중의 공매(空賣) 잔고가 커지는데, 이 공매 잔고가 주가 상승의 촉발에 도움을 준다. 그리고 가격 하락이 있기 직전에는 1929년 가을에 일어난 바와 같이 공매 잔고가 아주 작아진다. 1929년의 경우처럼 투기자들이 가격이 떨어지기만 하면 주식을 사들이도록 경험을 통해 교육이 되어 있을 때에는, 하향세에서도 분산이 비교적 쉽게 이뤄진다.

이런 일이 가능하도록 만든 교육은 부분적으로 일련의 중요한 사건들을 통해서 이뤄졌다. 1928년 12월에 어느 정도의 가격 하락이 있은 뒤, 대중은 1929년 1월에 표준금리가 약간 올라갈 것이라는 믿음 때문에 주식을 많이 사기를 거부했다. 1929년 3월에 콜금리가 20%로 뛰었을 때, 모든 사람이 주식이 치명타를 입으며 공황이 일어날 것이라고 예상하며 또 다시 주식을 사기를 거부했다. 1929년 여름에 연방준비제도의 할인율이 6%로 올라가자, 모든 사람이 이렇게 말했다. "진짜 공황이 닥칠 거야." 그러나 이틀 뒤, 주식이 다시 급등하기 시작했다. 모든 사람이 이젠 아무 일도 일어나지 않을 것이라고 안심하고 있던 9월에, 종종 엉터리 예측을 했던 기업가 로저 뱁슨(Roger Babson)이 공황을 예고했다. 그러나 그 예측은 단지 주식 구매 열기를 더욱 부채질하는 결과를 낳았다. 왜냐하면 모든 사람이 그때 아무 일도 일어나지 않을 것이라는 점을 뒷받침하는 듯한 것들을 보고 있었기 때문이다. 연방준비제도가 마지막 카드를 던졌지만 그것도 먹히지 않았지 않는가? 정말로 9월에는 연방준비제도 이사회는 시장을 냉각시키기 위한 모든 희망을 포기했다. 그 사실 자체가 정말로 현명한 투기자들에게는 아주 위험한 신호로 다가왔을 것이다. 대중이 절대로 아무 일이 일어나지 않을 것이라는 심리 상태를 갖도록 하기까지 약 9개월에 걸친 교육이 필요했던 것이다.

그러나 이제 수확의 계절이 다가왔다. 주가 하락은 주식을 구입할 기회라는 확신을 품게 된 대중은 하락세에서도 기꺼이 주식을 사려 들었다. 미래를 봐야 할 때 과거를 돌아보는 인간의 습관이 여기서도 그대로 작용하고 있었던 것이다. **인간의 마음이야말로 투기에서 아주 중요한 요소임에 틀림없다. 인간의 마음은 아무리 교육을 많이 받아도 언제나 그 모습 그대일 것이며 절대로 변하지 않을 것이다.**

시장을 이기기 위해 동원하는 차트와 다른 기술적 수

단도 믿을 만한 것이 못 된다는 사실에 대해서는 이미 앞에서 확인한 바 있다. 차트를 읽는 사람도 예외 없이 쉽게 속기 때문이다. 시장을 이해하기 위해서는 반드시 인간이라는 요소에 대해 생각해야 한다. **말하자면 생각 없는 투기자와 투자자들의 무리가 언제나 엉뚱한 방향으로 행동한다는 사실을 고려해야 한다는 뜻이다.**

두 개의 투기적인 움직임이 똑같을 수는 절대로 없다. 또 두 개의 시장이 똑같은 경우도 절대로 없다. 두 명의 시장 조작자들이 똑같이 행동하는 경우도 절대로 없다. 그것은 마치 똑같은 패의 카드가 당신의 평생에 절대로 다시 나오지 않게 되어 있는 그런 브리지 게임과 비슷하다. 그러나 만약에 당신이 조심스럽게 게임을 하면서 다른 동료의 움직임을 하나하나 유심히 파악한다면, 그래도 당신이 장기적으로 남들보다 앞설 가능성은 있다.

당신은 시장을 이기질 못한다. 파도를 막을 수 없는 것과 똑같은 이치이다. 그런데 왜 당신은 파도를 막거나 저항 불가능한 힘을 극복하려고 노력하는가? 파도에 맞서느라 야단법석을 떨 것이 아니라 파도를 부드럽게 타야 하지 않겠는가? 달리 말하면, 어느 정치인이 언젠가 나에게 말했듯이, "어떤 조직을 능가하지 못하겠거든, 거기에 합류하라!"는 뜻이다.

주식시장은 거대한 파도를 이루며 올라갔다 내려갔다 하기를 거듭한다. 대부분의 사람들은 소수의 사람들보다 덜 똑똑하기 때문에 이 파도의 경향을 필히 잘못 판단하고, 따라서 엉뚱한 시기에 주식을 사고팔게 된다. 제때에 파도에 올라타기 위해서 필요한 것은 당신의 이웃 대부분의 의견에 동의하지 않는 것뿐이다. 그 이웃들이 논리적인 생각이라고 여기고 있는 것을 따르지 않으면 된다는 뜻이다.

모순적인 존재가 되어라! 그러면서도 늘 신중하도록 노력하라!

8장

—

**걸음마다
조심하라!**

싫긴 하지만, 나는 살아가는 동안에 주식시장을 늘 가까이할 생각을 갖고 있다. 주식에 투자하는 것이 결코 주업이 될 수는 없지만, 나는 이따금 낮게 평가되고 있을 때 주식을 사서 높게 평가될 때 처분함으로써 작가로서의 나의 직업에 따르는 어려움을 최소화할 수 있을 것으로 기대하고 있다.

그렇다고 나 자신이 주식시장을 상대하는 것을 즐긴다는 뜻은 아니다. 나는 주식 투자를 즐기지 않는다. 그리고 나에겐 도박 본능이 전혀 없다. 나는 평생 동안 경마에 돈을 걸기는커녕 경마를 본 적조차 없으며, 카드

놀이와 주사위 던지는 놀이를 포함해 운의 게임은 무엇이든 좋아하지 않는다. 그러나 주식시장은 여행에 필요한 경비를 마련하는 수단으로 꽤 괜찮아 보인다. 여행뿐만 아니라 내가 진정으로 하고 싶은 다른 모든 일의 비용을 충당하는 데도 주식시장이 꽤 괜찮은 수단인 것 같다.

나는 주식에 빠지거나 주식 투자를 그야말로 도박처럼 할 생각은 조금도 없다. 그러나 기회가 문을 두드린다면, 나는 문 쪽으로 다가가 무슨 일이 벌어지고 있는지를 살필 것이다. 그래도 나는 무엇보다 신중하려고 노력할 것이다. 정말로, 신중이 가장 중요하다.

나는 승리보다 패배를 피하는 것이 더 중요하다는 원칙을 항상 따를 것이다. 패배는 투자자 본인의 사기까지 꺾어 놓기 때문이다. 오를 것으로 기대되는 주식을 사려할 때, 나는 합리적으로 판단해서 그 주식의 수입과 전망이 손실을 예방할 수 있을 것인지를 가장 먼저 확인할 것이다.

나도 3명의 주식 중개인과 신용 거래를 수시로 한다. 그러나 나는 현금으로 살 수 있는 범위 안에서만 주식을 사고 신용 투자를 하지 않는 것이 더 낫다는 믿음을 강하게 품고 있다. 자신의 경제적 능력 안에서만 투자할 경우에는 혹시 일이 잘못되더라도 크게 놀라지 않을 수 있고 또 서둘러 주식을 파는 일도 일어나지 않을 것이다. 아니면 지나치게 많은 주식을 사거나 엉뚱한 시기에 어쩔 수 없이 팔아야 하는 사태도 피할 수 있을 것이다.

만약에 어떤 사람이 우량 주식을 샀는데 미국이 번영한다면, 그 사람은 그 투자로 이익을 남길 것이다. 그러나 만약에 그가 신용으로 살 수 있는 범위 안에서 최대한 주식을 많이 산다면, 그 사람은 미국이 아무리 크게 번영하고 또 그 주식이 아무리 우량하더라도 돈을 잃을 수 있다.

자기 돈으로 우량주를 산 사람은 필요하다면 예상되는 가격 상승을 오랫동안 기다릴 수 있다. (은행에 넣어둔 돈에 겨우 연 4%의 이자가 붙는 현실에서, 주식이 50% 뛸 것을 예상하며 1, 2년 기다려야 한다고 한들 불만을 가질 이유가 있을까?) **그러나 신용으로 주식을 사는 사람은 부담이 클 수밖에 없다. 그런 사람은 가격이 크게 오를 우량 주식을 선택해야 할 뿐만 아니라 일시적으로라도 더 이상 떨어지지 않을 가격이 형성되는 시기를 잘**

골라서 사야 한다.

신용거래 계좌를 갖는 것에 반대하는 또 다른 이유는 주식 가격이 원래의 구입 가격 밑으로 떨어지지 않을 때조차도 심리적으로 불리한 조건에 처할 수 있다는 점이다. 신용으로 주식을 산 경우에 당신은 채권자의 손아귀에 잡혀 있는 셈이다. 이런 모양새는 결코 행복한 상황이 아니다. 따라서 당신은 불필요한 신경을 쏟다가 그 주식에 애초에 걸었던 기대가 현실로 나타나기 오래 전에 팔아치울 가능성이 있다.

몇 년 전에 나는 GM 주식을 주당 57달러에 신용으로 500주 산 적이 있다. 이어 몇 개월 뒤에 나는 상당한 이익을 남기고 처분했다. 그러나 내가 가진 돈으로 100주 혹은 50주만 사서 3년 정도 기다렸다가 팔았더라면 그보다 훨씬 더 큰 이익을 남길 수 있었을 것이다. 신용으로 구입한 주식을 3년 동안 인내심 있게 깔고 앉아 있을 수 있는 사람이 과연 몇이나 되겠는가?

그러나 주식을 자기 돈으로 구입하는 것도 시장에서 일어나는 손실을 막을 수 있는 보호 장치는 절대로 아니다. 만약에 10,000달러를 투자했는데 주식 가치가 3,000달러로 떨어졌다면, 당신은 큰 손해를 보게 될 것이며 어쩔 수 없이 내다 팔아야 하는 상황에 처하지는 않을지라도 계속 그 손해를 안고 가게 될 것이다.

1929년 대공황 때에는, 신용 거래를 지나치게 보수적으로 하거나 자기 돈으로 주식을 산 까닭에 오랫동안 주식을 보유할 수 있었던 사람들이 큰 피해를 입기도 했다. 이들은 첫 번째 폭락에서 주식을 처분했더라면 돈을 더 적게 잃었을 것이다. 말하자면, 자금이 풍부해서 신용 거래를 하지 않더라도 현금 투자도 당신을 무서운 피해로부터 보호해주지는 못한다는 뜻이다.

이 주식 혹은 저 주식을 "사서 묻어두고 잊어버려라"는 식으로 추천하는 소리가 자주 들린다. 그러나 어떠한 주식도 그렇게 해도 좋을 만큼 안전한 것으로 여겨져서는 안 된다. 새로운 발명, 산업의 변화가 끊임없이 어떤 제품을 낡은 것으로 만드는 한편으로 다른 제품을 전면으로 끌어내고 있다.

20년 전에는 미국 최대의 장비 가게가 취급하던 제품의 4분의 1정도가 마차나 말과 관련 있는 것이었다. 그러나 이런 장비를 취급하는 회사의 주식을 사서 20년 동안 묻어두었다면 지금 어떻게 되었겠는가?

몇 년 전만 해도 운하 회사의 주식이 가장 보수적인

투자 중의 하나였다. 그래서 과부와 고아들을 위한 투자로 적절한 품목으로 여겨졌다. 오늘날로 치면 철도회사의 주식만큼이나 우량한 주식이었다. 그래서 운하회사 주식을 소유했던 사람들 대부분은 그것을 묻어두고는 까맣게 잊어버렸다. 그러나 이 운하회사 주식의 가격이 제로까지 떨어지는 하강이 시작되기 직전에 운하회사 주식이 사상 최고액까지 올라갔다는 사실은 이상한 일이 아닐 수 없다. 아마 유언비어를 통한 조작이 있었을 것이다. 운하회사 주식을 가졌던 투자자들은 어쩌면 주식을 신용으로 샀더라면 보다 나은 결과를 누릴 수 있었을지 모른다. 신용으로 샀다면 주식의 가치를 조금 더 빨리 검토하지 않을 수 없었을 것이기 때문이다.

주식을 신용으로 사든 아니면 자기 돈으로 사든, 주식을 구입하는 시점에 결정해야 할 것이 있다. 바로 그 주식으로 돈을 얼마까지 잃을 준비가 되어 있는지를 정해야 하는 것이다. 그렇게 하다 보면 주식을 사려는 사람은 그 주식이 주변의 권유 등을 통해 생각하게 된 것만큼 좋지 않다는 생각을 갖게 될 것이다. 비상사태 시에 손실 규모를 어느 선까지만 감수하겠다고 결정한다면, 주식을

신용으로 구입하는 것도 자기 돈으로 구입하는 것만큼
이나 안전할 수 있다. 어쩌면 신용으로 구입하는 것이
더 안전할지도 모른다.

몇 년 동안의 경험을 되돌아보면서, 나는 주식 중개
인이 증거금을 추가로 요구할 때마다 그 요구를 거절
해야 했다는 사실을 알게 되었다. 대신에 나의 계좌가
주식 중개인의 요구 조건을 충족시킬 수 있을 만큼 주
식을 파는 것이 결과적으로 옳았다. 주식 중개인이나
나나 똑같이 증거금이 일단 충분하다고 생각했는데 그
증거금이 부족하게 되었다면, 그건 두 사람 모두 판단
을 잘못했다는 사실을, 그리고 예상치 못한 어떤 불리
한 일이 벌어지고 있다는 사실을 암시하는 것으로 받
아들여져야 한다. 그런 때는 주식시장에 돈을 더 집어
넣을 때가 절대로 아니다. 만약에 주식 중개인이 더 많
은 증거금을 요구할 때에 주식을 팔고 싶은 마음이 생
기지 않는다면, 그런 경우에는 신용으로 구입한 주식
을 현금 구입으로 바꿀 수 있을 만큼 많은 돈을 넣을 수
있어야 한다. 그렇게 하지 않으면, 증거금을 더함으로
써 생기는 유일한 결과는 그 돈까지 잃는 것일 수 있다.

나도 주식이 저평가 되었다 싶을 때 사서 충분히 평

가를 받는 시점에 팔기를 기대하지만, 나는 친구들에게 그렇게 하라고 권하지 않는다. 나는 매우 지적인 사람들 중 많은 사람들은 주식 투자라는 게임에 기질적으로 적합하지 않기 때문에 주식에 전혀 관심을 두지 않는다는 사실을 잘 알고 있다.

우선, 주식시장은 무엇이든 한 번 믿었다 하면 오래 거기에 집착하는 사람들에겐 전혀 어울리지 않는 곳이다. 공화주의자나 침례교 신자는 단지 자신의 아버지도 그런 사람이었고 또 자신도 그런 식으로 키워졌다는 이유로 다른 곳에서 재능을 발휘할 기회를 찾을 것이다.

간혹 상황이 급변할 때가 있다. 5분 전에 계획했던 것을 행동으로 옮겨서는 안 되고 오히려 그와 정반대 방향으로 행동해야 할 만큼 상황이 급박하게 변하는 경우도 있다. 말하자면, 당신이 가진 주식을 몽땅 팔려던 계획을 돌연 취소하고 갑자기 낙관적으로 변하면서 주식을 더 많이 사야 하는 상황이 벌어질 수도 있다는 뜻이다.

평균적인 사람은 자신이 오랫동안 지켜오던 의견을 바꿨다는 사실을 알게 될 경우에 대체로 보면 우쭐해하는 마음을 느끼기보다 부끄러워하는 마음을 느낀다.

평균적인 사람의 마음엔 완고한 끈기가 미덕으로 여겨질 수 있지만, 어떤 믿음이 형성되기만 하면 오랫동안 없어지지 않는 그런 마음은 월스트리트에서 성공적으로 활동하기엔 이상적이지 않다.

투기자는 자신의 의견을 지나치게 고집해서도 안 되고 또 뒤를 자주 돌아봐서도 안 된다. 이 조언을 받아들이지 않으면, 투기자는 영원히 불행하게 지내게 될 것이다.

투기적인 거래를 완벽하게 해낼 수 있는 사람은 어디에도 없다. 주가가 정확히 바닥을 칠 때 구입해서 정확히 정점을 찍을 때 판다 하더라도, 그 사람은 자신의 판단을 강하게 믿지 못해 주식을 더 많이 구입하지 않았다고 생각하면서 자기 자신을 질책할 것이다. 일시적으로라도 과거를 돌아보거나 '사후 부검'에 철저한 사람이라면 주식에 손을 대지 않는 것이 본인의 행복을 위해서 바람직하다.

월스트리트를 멀리해야 할 또 다른 집단은 인생에서 좋은 일이 아주 쉽게 일어날 것이라고 기대하는 탓에 우량 주식을 찾으려는 노력을 그다지 많이 하지 않는 사람들이다. 이런 사람들은 앞에 말한 부류보다 훨씬 더 많다. 천성적으로 게으르게 태어난 사람은 그리 많지 않다. 그래서 우리 대부분은 인생 후반에 일을 조금 덜하겠다는 기대에서 공부나 일을 아주 열심히 하고 있다.

나는 사고자 하는 주식이 있으면 그 회사를 직접 찾아 조사하기 위해 종종 멀리까지 기차 여행을 한다. 기자의 본능을 가졌거나 호기심이 강한 사람은 예외 없이 어떤 대상이 좋은지 여부를 확실히 알 때까지 계속 질문을 던질 수 있다. 그러나 대부분의 사람들은 이런 귀찮은 일을 하지 않고 주식 중개인의 사무실에서 어쩌다 나란히 옆에 앉게 된 이방인의 조언을 받아들이는 쪽을 택한다. 정말이지, 나는 사람들이 주식을 살 때만큼 그 대상에 대해 조사 활동을 벌이지 않는 경우는 딱 한 가지밖에 없다고 생각한다. 결혼할 때이다. 셔츠를 사는 데 한 시간을 들이는 사람도 주식이나 아내를 선택할 때에는 터무니없을 만큼 연구를 하지 않는다.

마찬가지로, 주택 구입에 10,000달러를 들이기 전에 전문가의 조언을 구하려 드는 사람도 제대로 알지 못하는 회사의 주식을 살 때에는 칼라 단추를 구입할 때만큼이나 서둘러 결정하려 든다. '돌다리도 두들겨 보고 건너라'라는 속담에 콧방귀를 뀌는 유형의 사람이라면 주식시장에 가까이 가지 말아야 한다.

많은 지적인 사람들이 투기에서만 아니라 투자에서도 돈을 잃을 확률이 아주 높기 때문에, 절약 자체가 모든 사람들에게 똑같이 현명한가 하는 중요한 문제가 제기된다. 월스트리트 사람들이 당신이 아껴 모은 돈을 갖게 되어 있다면, 악착같이 돈을 모아야 하는 이유가 뭔가? 오래 전에 어떤 여인이 나이 들어서 독립을 누리기 위해 돈을 저축하고 투자하는 문제에 대해 나에게 물은 적이 있다. 나는 그녀가 몇 년 동안 구두쇠처럼 산다면 55세 전에 5,000달러가량 모을 수 있다는 사실을 알았다. 이 돈으로 연 6%의 이자를 받는다면 한 달에 겨우 25달러밖에 챙기지 못할 것이다. 그녀 혼자 살기에도 부족한 금액이었다. 그래서 나는 그녀에게 돈을 모으려고 애를 쓸 게 아니라 차라리 그 돈으로 립스틱과 멋진 옷을 사서 스스로를 매력적으로 가꾸라고 권했다. 그러면 돈과 지위를 갖춘 남자가 그녀에게 청혼을 할 것이고, 따라서 그런 걱정은 할 필요조차 없을 터였다. 나는 지금도 적어도 그녀에게만은 나의 조언이 상당히 괜찮았다고 생각한다.

내가 아는 한 사람은 1929년 10월 대폭락 때 71,000 달러 정도 되었던 재산을 거의 다 날렸다. 겨우 800달러를 건졌을 뿐이다. 수많은 밤을 뜬눈으로 새운 뒤, 그는 심각한 신경증 증세를 보였다. 그러자 그의 주치의가 휴식을 위해 플래시드 호수로 여행을 떠날 것을 권했다. 그 친구 부부가 기차 여행을 떠나기 직전에 나는 그들을 만났다.

친구는 억지 미소를 지으며 이렇게 말했다. "몇 년 동안 둘이서 함께 여행하는 것을 꿈꿔 왔어. 두 번째 신혼여행이랄까. 그런데 우리는 지금에서야 우리도 이런 여행을 할 수 있다는 사실을 깨닫게 되었어."

자신이 간절히 원하는 일에 분별 있게 지출하는 것이 '장부상의 이익'을 실현하는 최선의 방법인 경우가 종종 있다. 나는 오래 전부터 이런 원칙을 정해놓고 있다. 수익을 챙길 수 있는 상황인데 마침 그때 간절히 사고 싶은 것이 있으면 주식을 팔아서 그것을 산다는 원칙이다. 조금 더 기다리면 더 많은 돈을 벌 수 있을 것처럼 보일 때조차도, 그때까지 미루지 않고 주식을 팔아서 원하는 것을 구입하는 것을 원칙으로 지키고 있다.

실제로 더 많이 오를 것이란 생각에 아깝다는 마음이 들 때에 유럽 여행을 위해 주식을 판 적이 여러 차례 있었다. 그런데 정말 신기하게도 그때마다 단 한 번의 예외도 없이 여행을 위해 판 주식은 뒤에 가격이 오르지 않고 떨어진 것으로 확인되었다. 월스트리트에서 조달한 돈으로 유럽의 멋진 경치를 감상하고 있는데 당신이 판 주식의 가격이 떨어지고 있는 것이 확인될 때의 그 기분은 정말 묘할 것이다. 월스트리트의 돈으로 당신이 누구도 빼앗지 못할 멋진 경험을 하고 있으니 말이다.

당신이나 당신 가족이 원하는 무엇인가를 사기 위해 지금 수익을 올리고 있는 주식을 팔 경우에 누릴 수 있는 이점은 일시적인 이익을 영원한 이익으로 바꾼다는 것만이 아니다. 당신이 관중이 되어 다른 자리에 앉아서 시장을 다시 볼 기회를 갖게 된다는 점도 아주 중요하다. 아마 당신은 자신에게 언제나 좋은 친구 같은 존재였던 주식을 판다는 것을 꺼림칙하게 생각할 것이다. 그러나 팔고 난 뒤에도 당신은 그 주식을 다시 사고 싶다는 마음을 느끼게 될까? 당신이 울타리의 안과 밖 중 어느 쪽에 서 있느냐 하는 것이 대단히 중요할 때가 종종 있다. 당신이 건전한 판단을 하도록 도울 수 있는, 편견이 전혀 없는 관점은 절대로 있을 수 없다.

투자 신탁과 관련 있는 어떤 젊은이를 알고 지낸다.

이 젊은이는 얼마 전까지 6개월 동안 주식시장의 가격 등락을 시간까지 거의 정확히 예측하는 놀라운 능력을 보여주었다. 그의 예측을 따랐던 사람들은 모두 돈을 벌었을 것이다. 그럼에도 젊은이 본인은 그 동안에 주식을 하나도 갖지 않았다. 그의 예측이 그처럼 정확할 수 있었던 이유도 바로 거기에 있었다.

그러던 그도 주식시장에 직접 발을 담그고 활동하게 되자 그저 그런 정도의 성공률을 보였을 뿐이다. 왜냐하면 그가 직접 주식을 거래할 때에는 사실들을 자유롭고 편향이 없는 시선으로 보지 못하고 자신의 편향을 따랐기 때문이다.

주식시장에 처음 뛰어들 때 일어날 수 있는 가장 위험한 일은 첫 거래에서 엄청난 성공을 거두는 것이다. 우리 대부분은 아무런 수고를 하지 않고 무엇인가를 얻기를 원하고 또 은밀히 그런 것을 기대하고 있다. 그렇기 때문에 신속한 성공은 수고를 하지 않아도 얻을 수 있다는 믿음을 더욱 강화시킬 것이다. 두세 번 행운을 얻고 나면 사람은 쉽게 모든 것을 걸려고 든다.

나는 가진 것을 전부 긁어모아 1,000달러를 만들어 주식 중개인을 통해 신용 계좌를 연 젊은 사무직 직원을 알고 있다. 그는 어느 날 주식 시세를 묻기 위해 중개인의 사무실에 전화를 걸어 이렇게 말했다.

"수표를 가져다 드릴 시간만 있으면 제너럴 유니버설 주식을 100주 사고 싶은데, 시간이 없으니 내일로 미루죠."

그러나 주식 중개인이 친절하게 대답했다. "기다리실 필요 없습니다. 당신이 돈을 준비해 두고 있다는 사실을 알고 있으니, 원하신다면 지금 당장 살 수 있습니다."

그때가 오전 11시였다. 3시간 뒤 그는 480달러를 남기고 그 주식을 처분했다. 아니, 아직 자기 돈을 1센트도 넣지 않은 상태에서 말이다. 그는 이튿날 중개인 사무실로 가서 480달러가 적힌 수표를 받았다.

그 직후 연봉이 그저 그런 수준이던 직장이 우습게 여겨지기 시작한 것은 어쩌면 당연한 일이다. 곧 그는 자신에 대한 믿음을 아주 강하게 느꼈다. 그 결과 5주일이 지난 뒤, 그는 첫 번째 투기로 운 좋게 번 돈과 원래 가졌던 1,000달러까지 다 날려버렸다.

내가 아는 또 다른 청년의 경험은 처음엔 이보다 더 고통스러웠지만 장기적으로는 더 안전했던 것으로 판

명 났다. 이 청년은 최초의 주식 거래에 아주 조심스럽게 접근했다. 그는 주식 중개인에게 이렇게 말했다. "US 스틸의 주식이 175달러로 내려가면 100주를 사고 싶지만 시장에서 지나치게 큰 피해를 입고 싶지는 않아요. 주식을 사자마자 172달러로 떨어지면 팔도록 주문을 넣어주세요."

그러고 나서 반시간 뒤, 주식 중개인이 이 젊은이에게 전화를 걸어 두 가지 주문을 다 처리했다는 소식을 전했다. US 스틸의 주식이 172달러로 떨어졌다가 다시 오르기 시작했지만, 그 일로 젊은 초심자는 중개인에게 지급한 수수료 외에 300달러를 잃었다. 순간적으로 일어난 애석한 일이었지만 소중한 교훈이었다. 그는 최종적으로 약간의 돈을 벌 수 있었다.

놀랄 정도로 많은 투기자들이 통계학자 레너드 에어즈가 광인이라고 부른 그런 부류에 해당하는 사람들이다. 많은 투기자들이 자신의 능력 밖에 있는 주식시장에 발을 담그고 있을 뿐만 아니라 결코 갚지 못할 만큼 큰 금액을 주식에 걸려고 든다. 1년에 5,000달러 정도를 버는 사람이 신용으로 50,000달러의 주식을 보유하고 있다면, 그는 적어도 일시적으로는 광인으로 여겨질 수 있다. 그 사람은 자신의 모든 것을 신용 거래에 걸어서도 안 될 뿐만 아니라 그것을 몽땅 주식에 투자해서도 안 된다. 반 정도는 우량 채권에 투자해야 한다. **개인적으로 나는 경제 불황이 1년 이상 이어지더라도 감당할 수 있는 이상의 돈을 주식시장에 절대로 넣지 않는 것을 원칙으로 삼고 있다.**

재능이나 준비를 갖추지 않은 상태에서 서커스의 광대나 오페라 가수로 성공하겠다고 나서거나 식료품점을 운영하겠다고 나서는 사람은 많지 않다. 그런데도 주식시장에는 당장 성공하기를 기대하는 사람들이 아주 많다. 이 지구상에서 이뤄지고 있는 게임 중에서 가장 어렵고 복잡한 게임일 수 있는 주식 거래를 아주 우습게 보는 경향이 사람들에게 있는 것이다.

특별한 재능이 없어도 주식시장에서 성공을 거둘 수 있다는 믿음을 갖게 하는 것은 틀림없이 운에 대한 보편적 믿음일 것이다. 사람들이 대체로 운을 믿는 성향을 갖고 있지 않다면, 아마 주식시장은 현재와 같은 규모를 절대로 유지하지 못할 것이다. 그러나 지적인 사람은 운을 믿지 않는다고 사람들은 말한다. 절대로 그렇지 않다. 지적인 사람도 행운을 믿는다. 아무리 지적인 사람일지라도 자신만의 특별한 특성이 어쨌든 자신을 불운으로부터 구해줄 것이라는 믿음을 은밀히 품고 있는 것이다.

기차 사고에 관한 뉴스를 들을 때, 당신은 바로 그 순간에 당신 자신이 그 기차를 타고 있는 모습을 상상하지 못한다. 그러면서 당신은 혼잣말로 "나에겐 그런 사고가 일어나지 않을 거야."라고 말한다. 보험회사가 당신에게 평균 기대 수명이 몇 살이라고 알려줄 때, 당신은 스스로 특별한 축복을 받았다고 믿으면서 그보다 상당히 더 오래 살 것이라고 기대한다. 모든 사람이 그런 식으로 생각한다.

사람들이 주사위 도박을 하고 있다고 가정하자. 그 중 한 사람이 점점 돈을 잃다가 결국 무일푼이 되었다. 그러면 그는 친구에게 가서 "25센트만 빌려주지 않을래?"라고 말한다. 약간의 돈만 더 있으면 잃은 돈을 모두 딸 것 같은 생각이 드는 것이다.

마찬가지로, 준비가 덜 되어 있거나 기질적으로 주식 투자와 맞지 않는 사람도 10년 동안 줄곧 주식시장에서 돈을 잃고 있으면서도 최종적으로 성공을 거두게 될 것이라는 희망을 절대로 놓지 않는다. 그 사람의 기록을 보면 그가 지금 하고 있는 일에는 자질이 없는 것이 분명하게 드러난다. 그런데도 그는 자신의 최종적인 행운에 대한 믿음을 절대로 버리지 않는다.

투기의 위험성을 지적했으니, 그 위험을 과장한 측면이 없는지도 살펴보는 것이 합리적일 것이다. 보통주 몇 주를 산 모든 사람이 큰 피해를 입을 것이라고 생각하는 것은 집에서 담근 술을 몇 잔 마셨다고 술꾼이 될 것이라고 생각하는 것만큼이나 바보스럽다.

정말로, 거의 모든 사람은 어느 정도 투기자이다. 길모퉁이의 식료품 가게 주인도 이익을 남기고 팔 것을 기대하면서 감자를 도매가격으로 구입할 때 투기를 하고 있는 셈이다. "공매"(空賣)조차도 일상의 삶에서 생각보다 훨씬 더 많이 이뤄지고 있다.

정해진 가격에 집을 지어주기로 동의하는 건축업자는 집을 짓는 데 필요한 재료를 필요한 때에 사겠다는 뜻을 갖고 있다. 따라서 그는 재료를 필요한 때에 이익을 남길 수 있는 가격에 구입할 수 있을 것이라는 믿음에서 지금 갖지도 않은 집을 팔았다.

투자를 위해 신중하게 선택한 보통주가 비교적 안전한 이유는 세계의 인구가 지속적으로 늘어나고 있고 홀

룡한 제품에 대한 수요가 항상 커지고 있다는 사실에 있다. 미국은 제1차 세계대전에 참전한 이후로 투자자와 주식 도박꾼의 나라가 되었으며, 현재 미국인들이 변동하는 유가증권 가격에 관심을 갖게 되는 바탕을 닦은 이들은 그 전쟁 동안에 활동한 '4분 연설가'(four-minute men: 우드로 윌슨(Woodrow Wilson) 미국 대통령의 허락을 받아 공보위원회(Committee on Public Information)가 선정한 주제에 관해 4분 동안 연설한 사람들을 일컫는다. 주제는 주로 미국의 전쟁 수행과 관련 있는 것이었다/옮긴이)였다. 이들은 연설을 통해서 미국인들에게 '자유 공채'를 구입할 것을 권했다. 그 전에는 미국인들 중에서 대여금고로 가서 이자표를 자르는 희열을 느껴본 사람은 거의 없었다.

돈을 모으는 방법으로 이 방법이 더 낫다는 사실을 알게 된 미국인들은 그 아이디어를 더욱 확장해서 다른 공채까지 구입했다. 자유 공채만 아니라 지방채와 산업채까지 사들인 것이다. 그러나 금융에 관한 교육은 그때 막 시작되고 있었다.

채권까지 사는 것을 배우고 나자, 사람들은 주식에 대해, 그리고 미망인이나 과부에게 적절한 우량주만 아니라 보통주에 대해서까지 생각하기 시작했다. 보통주에 대한 관심은 에드가 L. 스미스(Edgar L. Smith)가 쓴 『장기 투자로서의 보통주』(Common Stocks As Long Term Investments)라는 책을 통해서 크게 높아졌다.

스미스는 어느 채권거래소에 고용되어 투자에 관해 광범위하게 조사한 다음에 채권이 다른 어떤 형태의 유가증권보다 장기 투자에 더 유리하다는 내용의 보고서를 쓰게 되어 있었다. 그러나 그는 사실들을 깊이 파고들수록 자신이 의도하지 않았던 것을, 말하자면 수익을 가장 많이 올릴 수 있는 투자 품목은 배당이 좋은 보통주라는 사실을 깨달았다.

중요한 사실은 미국이 산업 국가이고 또 성공적인 미국의 산업들이 성장을 계속하고 있다는 점이다. 1,000달러짜리 채권을 액면가로 구입해서 20년 혹은 30년 만기가 되면, 당신은 1,000달러를 받게 된다. 그러나 아마 그때 1,000달러는 당신이 채권을 구입할 때의 1,000달러만큼의 가치를 지니지 못할 것이다. 왜냐하면 그 1,000달러는 예전의 1,000달러만큼 많은 것을 사지 못할 것이기 때문이다. 달러의 구매력은 그 기간에 점진

적으로 떨어질 것이며, 결과적으로 당신은 돈을 잃게
될 것이다.

그런 한편 만약에 보통주를 산다면, 당신은 배당금을
받을 수 있을 뿐만 아니라 확장하는 산업의 확장하는
기업 일부를 정말로 소유하게 될 것이다. 그러면 당신
이 소유한 주식의 가치는 회사의 성공에 비례하여 더
욱 커지게 될 것이다.

어느 백만장자가 죽고 유언장이 공개될 때 간혹 신문
에 그가 소유한 유가증권의 목록이 공개된다. 그때 우
리는 이 약삭빠른 부자가 보통주를 대단히 선호했다는
사실에 강한 인상을 받게 된다. 백만장자들은 매주 번
돈 일부를 은행에 맡기는 방법으로 부자가 되지 않았
다. 백만장자들은 뿌리를 내리고 가지를 뻗으며 점점
커갈 그런 곳에 자신의 돈을 심었던 것이다.

유가증권에 대한 관심이 새롭게 높아진데다가 예외
적인 번영이 오랫동안 이어졌다. 주식 가격의 상승은
더욱 커진 수익에 의해 정당화되었다. 회사의 수익이
그처럼 높을 수 있었던 것은 당신과 내가 상당한 임금
을 받고 또 대기업들의 제품을 살 수 있었기 때문이었
다. 대기업이 번창하고 있는 것은 우리 개인이 번창하

고 있기 때문이다.

경영을 잘 하며 확장일로에 있는 수백 개의 기업들의 주식이 공개된 상황에서, 주식시장에서 돈을 버는 것은 돈을 잃는 것만큼이나 쉬워 보인다. 인간 본성이라는 큰 장애물만 없다면, 정말이지 이익을 내기가 쉬웠을 것이다. **산업국가에 사는 미국인들은 글자 그대로 크게 성장하면서 더욱 가치를 높이고 있는 기업들에 둘러싸여 있다. 그렇지만 초조와 탐욕, 허영을 비롯하여 우리 모두가 바보스럽게 행동하도록 만드는 인간의 다른 습관들 앞에서 그런 기회가 무슨 소용이 있겠는가?** 일시적 불황이 닥쳐도 신문에 실린 비관적인 소문 때문에 몇 주일 사이에 실망해 주식을 내다판다면, 아무리 전망이 밝은 회사의 일부를 소유하고 있다 한들 무슨 소용이 있겠는가?

여기서 나는 주식시장의 성공적인 투자를 위한 규칙을 한 가지 제시할 수 있다. 누구나 엄격히 지킨다면 틀림없이 성공을 안겨줄 그런 규칙이다. 그 규칙은 다음과 같다.

근본적인 산업, 말하자면 사람에게 꼭 필요한 물품을 제조하는 산업에서 꾸준히 이익을 올리고 있는 기업체의 주

식을 사라. 그리고 아무리 좋은 주식이라 하더라도 전체 주식시장이 나쁜 소식에도 가격이 하락하지 않을 때까지는 그 주식을 사지 않도록 하라. 그런 다음에는 주식시장이 좋은 소식에도 더 이상 나아지지 않을 때에는 모든 주식을 팔아라.

약간의 추가적인 요건이 필요하지만, 이 단순한 규칙을 따르면 누구나 확실히 돈을 벌 것이다. 한번 시도해 보도록 하라. 솔직히 말해 이 책을 든 당신은 천재가 아닐 확률이 아주 높은데, 만약 천재가 아니라면, 당신은 대부분의 사람들과 마찬가지로 실수를 저지를 것이고 그러다 보면 가격이 상승하는 동안에 자신이 더 많은 돈을 벌지 못한 이유가 궁금해질 것이다. 평균적인 사람이라면, 당신은 어떤 주식을 구입하기 전에 그 주식에 대해 충분히 조사할 만큼 인내심을 발휘하지 못할 것이다. 설령 주식에 대한 조사를 끝냈다 하더라도, 당신은 시장이 나쁜 소식에도 분명하게 저항하는 시점까지 기다리는 인내심을 발휘하지 못할 것이다. 그러나 만약에 당신이 어쨌든 이런 실수들을 피할 수 있었다면, 이번에는 당신의 탐욕이 당신이 지나치게 오래 기다리도록 만들어 결국 주식을 팔지 못하게 만들 것이다. 그러면 당신의 장부상에 기록되었던 이익은 곧 사라지고 말 것이다.

나는 시장을 유심히 연구하면서 성공을 거두고 있던 어느 친구에게 어떤 식으로 주식을 사기에 돈을 남기는가 하고 물었다. 그의 대답은 다음과 같았다.

"가장 먼저 해야 할 일은 시장의 트렌드를 확실히 아는 것이다. 주식시장에서 발을 뺄 것인가 아니면 발을 담글 것인가 하는 문제에서 시장 트렌드를 읽는 노력이 70%를 차지해야 한다. 다른 20%는 당신이 선택하려는 산업에 대해 아는 것이고, 나머지 10%는 구체적인 주식에 대해 아는 것이다.

기본적인 통계와 경제학은 정확할 경우에는 도움을 줄 수 있다. 그러나 큰 위험은 그것들이 정확하지 않을 수 있다는 점이다. 대폭락이 있은 몇 주일 뒤에 당신이 최대한 노력을 기울여 상황을 분석했는데, 그 결과가 몇 주일 혹은 몇 개월 동안 상승세가 이어질 것이라는 쪽으로 나왔다고 가정하자. 그러면 당신은 주식을 팔 것이 아니라 사야 하고, **그때에도 공매는 한 주도 하지 말아야 한다. 공매를 할 경우에 당신은 한 가지 주식만 아니라 시장 전체의 트렌드와 맞서 싸워야 하는 상황에 처하**

게 되기 때문이다.

그런 다음에는 다양한 산업을 연구해야 한다. 예를
들어 영화산업이 그 다음 6개월 동안에 큰 수익을 올릴
것이라는 보도 등을 찾아야 한다. 이어서 영화산업의
주식이 그런 호의적인 상황을 반영하고 있지 않다는
사실을 알았다고 가정하자. 말하자면 주가와 영업 이
익을 비교할 경우에 이전의 그 어느 때보다 매력적인
상황이라는 뜻이다. 이런 상황이라면 영화산업의 기업
들 사이에 주가 인상이 서서히 일어날 것이라고 예측
하는 것이 합리적일 것이다. 그러나 일반 대중은 아마
윌리엄 폭스(William Fox: 1915년에 폭스 필름 코퍼레
이션을 세운 인물로 미국 영화산업을 개척했다. 1930
년에 회사 통제권을 거의 다 잃었지만 폭스라는 이름
은 지금도 내려오고 있다/옮긴이)의 자금난에 따른 불
확실성 때문에 투자를 꺼리고 있을 것이다. 대중이 오
락산업의 주식을 대량으로 구매할 것이라는 생각은 아
직 시기상조이다. 그러나 다른 한편에선 단기적 관심
이 생겨나고 있을 수 있다. 이런 상황에서 오락산업의
어떤 주식이 상승하려는 기미를 보인다면, 그 힘은 내
부자들의 매입에서 나오는 것임에 틀림없다."

이 친구의 말을 더 들어보자.

"주식시장이 어떤 식으로 흐를 것인지를 짐작하는 최선의 방법은 최대한 많은 아마추어 투자자들과 대화를 하는 것이다. 만약에 아마추어 투자자들이 대담하게 공매를 하고 있다면, 나는 다른 수많은 사람들도 공매를 하고 있을 것이라고 짐작한다. 그러면 주식시장이 상승세를 탈 것이라고 낙관한다. 만약에 대중이 곰처럼 소극적이라면, 나는 소폭의 상승만을 기대한다."

과반의 사람들이 충동에 의해 엉뚱한 행동을 하게 된다는 것은 통계로만 확인되는 것이 아니다. 간단한 추론으로도 과반의 사람들이 시장에서 언제나 엉뚱하게 행동하고 돈을 잃는다는 것이 입증되고 있다. 우선, 주식을 통해 이익을 얻기 위해서는 가격이 비교적 낮을 때 사서 가격이 오를 때 팔 수 있어야 한다. 그러나 대부분의 사람들이 낮은 가격을 예측하는 통찰력을 갖고 있어서 제때 주식을 산다면, 낮은 가격은 절대로 형성되지 못할 것이다. 왜냐하면 그렇게 될 경우에 주식을 팔려는 사람보다 사려는 사람이 더 많아질 것이기 때문이다. 마찬가지로, 우리 중 과반수가 주식의 가격이 실제 가치보다 더 높게 형성되는 순간 주식을 내다팔 만큼 빈틈없다면, 최고 가격에는 절대로 이르지 못할 것이다.

　요약하면, 모든 사람이 정말로 똑똑하다면, 어느 누구도 지나치게 싸게 팔거나 지나치게 높은 가격을 지불하지 않을 것이다. 그러면 결과적으로 폭넓은 가치 변동은 일어나지 못할 것이다. 가격 변동 폭이 아주 좁아질 것이고, 그러면 어느 투기자도 주식시장에 큰 관심을 쏟지 않을 것이다. 그렇게 되면 주식시장 자체가 존재할 수 없게 되지 않을까. 소수가 다수의 어리석음을 이용할 수 있을 때에만 투기가 가치를 지니게 되는 것이다.

　조금만 생각을 해 봐도, 주식시장의 중요한 사건은 모든 사람들이 그 사건이 일어날 것이라고 예상하고 있을 때에는 절대로 일어날 수 없다는 사실이 확인된다. 만약에 대공황에 이어 거의 모든 사람이 주식 가격이 4월 중순까지 점진적으로 하락할 것이라고 판단한다면, 하락세의 바닥은 4월 중순보다 조금 이르거나 늦게 나타날 것이다. 왜냐하면 주식이 4월 중순에 바닥을 칠 것이라고 예상하는 사람들은 당연히 바닥으로 떨어질 때 다시 살 것이라는 기대에서 앞서 자신의 주식을 팔 것이기 때문이다. 훗날 바닥을 칠 것을 예상한 이 매도는 아마 주식 가격을 일반적으로 예상했던 것보다 더 빨리 바닥으로 몰아붙이는 원인이 될 것이다. 마찬가지로, 모든 사람이 주식 가격이 10월에 정점에 이를 것이라고 믿는다면, 사람들은 8월이나 9월에 주식을 살 것이며 따라서 10월에는 정점이 절대로 나타나지 않을 것이다.

투자 규모가 크든 작든 불문하고, 당신이 월스트리트에서 돈을 벌 수 있는 기회는 다소 특이하게 행동할 때에 생긴다. 대다수의 사람들이 엉터리로 행동하기 때문에, 성공은 군중이 하는 행동과 정반대로 하는 경우에만 가능하다. 모든 사람이 동시에 같은 장소에 설 수 있는 방법은 절대로 있을 수 없다. 그러나 군중과 반대로 행동하는 것을 어렵게 만드는 요소는 군중을 오도(誤導)하는 큰손들의 계략이다. **우리 각자는 속으로 "모두가 틀림없이 저렇게 하고 있으니 나는 그와 반대로 할 거야!"라고 생각한다. 그러나 당신도 잘 알다시피 우리 모두는 자신은 대부분의 사람들과는 다른 존재라고 확신하고 있다. 그 결과, 우리 대부분은 자신의 뜻과는 달리 서로 거의 똑같이 행동하게 된다.**

우리는 우리를 속이는 데 동원되는 계략들에 대해 점진적으로 배우게 된다. 그러나 자신의 걸음을 조심스

럽게 살피지 않을 경우에는 그 계략들을 배우기도 전
에 돈을 다 날려버릴 것이다. 그 게임의 역사는 깊지만
게임을 벌이는 사람들은 언제나 새로운 사람들이기 때
문이다.